Javier Garrido

Perguntas sobre Deus
Esclarecer mal-entendidos e abrir horizontes

CB057489

© 2010 by Editorial Verbo Divino
ISBN: 978-84-9945-117-6

Em língua portuguesa
© 2011 by Editora Ave-Maria. All rights reserved.
Rua Martim Francisco, 636 – 01226-000 – São Paulo, SP – Brasil
Tel.: (11) 3823-1060 • Fax: (11) 3660-7959
Televendas: 0800 7730 456
editorial@avemaria.com.br • comercial@avemaria.com.br
www.avemaria.com.br

ISBN: 978-85-276-1326-2

Título original: *Preguntas sobre Dios*
Tradução: José Joaquim Sobral
Capa: Bruno Dias

Dados Internacionais de Catalogação na Publicação (CIP)
Angélica Ilacqua CRB-8/7057

Garrido, Javier
Perguntas sobre Deus / Javier Garrido; tradução de José Joaquim Sobral – São Paulo: Editora Ave Maria, 2011. 208 p.

ISBN: 978-85-276-1326-2

1. Deus 2. Religião I. Título. II. Sobral, José Joaquim

CDD 232

Índices para catálogo sistemático:
1. Deus   232
2. Religião   232

Diretor Geral: Marcos Antônio Mendes, cmf
Diretor Editorial: Luís Erlin Gomes Gordo, cmf
Gerente Editorial: J. Augusto Nascimento
Editor Assistente: Valdeci Toledo
Revisão: Maria Paula Rodrigues e Maurício Leal
Diagramação: Vera Ribeiro Ricardo
Produção Gráfica: Carlos Eduardo P. de Sousa
Impressão e Acabamento: Intergraf Ind. Gráfica Ltda.

SUMÁRIO

Prólogo 5
   I. Primeiras perguntas 7
  II. Contexto 13
 III. A pergunta não é neutra 23
 IV. Por que buscar o sentido da vida? 27
   V. A busca de identidade pessoal e a questão religiosa 35
 VI. ofertas diversas de sabedoria 45
 VII. O que oferece a fé cristã? 53
VIII. É possível conhecer Deus? 67
 IX. Deus intervém? 77
   X. Deus para quê? 87
 XI. Questões que a Bíblia propõe 95
 XII. Crer em Jesus de Nazaré 107
XIII. Raciocinar e crer 121
XIV. Por que sou cristão? 131
 XV. O modelo cristão de ser pessoa 143
XVI. Pressupostos para ser cristão 151
XVII. Sobre a oração 155
XVIII. O escândalo do sofrimento 153
XIX. Sobre o pecado 171
 XX. Por que e para que a Igreja? 179
XXI. O cristianismo e as outras religiões 189
XXII. Existe um além? 197
Epílogo 203

PRÓLOGO

Ainda que minha tarefa de evangelizador se tenha concentrado, preferivelmente, em cristãos e cristãs que sentem a necessidade de personalizar sua fé, sempre estive preocupado com os não-crentes e com os crentes desorientados. A ideia deste livro de perguntas e respostas nasce dessa preocupação. O método consistiu em pedir a diversas pessoas que fizessem *perguntas sobre Deus*.

Ao recolher as perguntas, constatamos que muitas eram repetidas e que representavam pessoas que pertenciam a uma educação cristã recebida na infância e na adolescência. Daí a incidência no tema da Igreja ou, supondo a crença em Deus, a presença de dúvidas e dificuldades em relação à experiência da fé propriamente dita. Vimo-nos obrigados a oferecer uma visão de conjunto, a completar aspectos e a formular de um modo novo perguntas que denotavam bastante confusão. Contudo, cremos que fomos fiéis aos entrevistados; ao menos, nós o tentamos.

***

O livro se movimenta no espaço da fronteira da fé. Existem os que estão na fronteira do lado de cá. Acreditam em Deus, de vez em quando oram; mas, quando refletem, têm milhares de dúvidas. Existem os que estão fora, mas próximos da fronteira. Há neles uma saudade que não sabem interpretar; encontram-se posicionados racionalmente no agnosticismo, mas acabam por não se situar vitalmente. Ambos os grupos têm "raízes crentes", mas não esclarecidas. O subtítulo exprime o objetivo do livro: esclarecer mal-entendidos e abrir horizontes.

Para os que estão "mais além da fronteira", seria necessário pensar e escrever previamente coisas distintas.

***

O leitor ou leitora perceberá que o livro começa com uma visão de conjunto e que, progressivamente, trata de temas especificamente cristãos.

É importante que se leia nas entrelinhas. O discurso é racional; mas naquilo que diz respeito ao sentido da existência não se pode pensar sem se implicar pessoalmente. E quando se trata do Deus cristão não há como conhecê-lo sem se relacionar com ele, mesmo que seja entre sombras.

Pamplona, 2010

I – PRIMEIRAS PERGUNTAS

I. Primeiras perguntas

1. Qual a razão da pergunta sobre Deus em um mundo sem Deus?

Oñatz, homem de 35 a 45 anos.

Pergunta direta e certeira; mas tem sua armadilha, Oñatz. Porque o que parece não ter importância é o que permite propor corretamente a pergunta. Vejamos.

Se a pergunta sobre Deus depende do contexto social, é normal que te sintas como um bicho raro. O mundo se organiza sem Deus, a maioria das pessoas não fala do tema, a sensação que tu tens é de que Deus não interessa... Qual o motivo, pois, da tua pergunta?

Mas se a pergunta tem a ver com a consciência pessoal, com a busca de sentido da vida, então não depende do contexto. Tem a ver contigo, com o íntimo do teu ser.

Estamos em uma época em que o religioso já não tem relevância social. Para alguns é uma perda grave. Para outros este parece o melhor meio para que Deus encontre seu verdadeiro lugar. Jesus o disse a Pilatos: "Todo aquele que é da verdade escuta a minha voz". E Pilatos respondeu: "Que é a verdade?".

Quando a verdade se busca fora e não dentro, Deus está fora de lugar.

2. Por que esta minha inquietude a respeito do religioso? Talvez tua experiência me dê algumas pistas.

Carmela, mulher de 25 a 35 anos.

Existem muitas pessoas como tu, Carmela, que têm inquietude religiosa e não sabem por que razão. Parece-me que não ter explicação é bom sinal.

Alguns te dirão que são restos da educação que recebeste na infância. Têm sua parte de razão, sem dúvida; mas tu sabes que é mais do que isso, porque cresceste como pessoa, te libertaste das ideias que recebeste quando menina, e a inquietude permanece.

Existe uma inquietação malsã, quando Deus tem a ver com teu lado escuro, por exemplo, o medo de tomar decisões ou o medo da eternidade. Mas existe uma inquietação que tem a ver com o melhor de ti mesma: o não te contentares com o superficial, a busca de valores incondicionais...

Quando a inquietude está associada à intuição de que só Deus pode ser a resposta às grandes perguntas... Nesse caso, se buscas respostas explicativas, que satisfaçam tuas necessidades racionais, corres o perigo de ficares mais no ar. A resposta te virá mediante um processo no qual tua inquietude encontre caminho através da relação pessoal com Deus. Talvez tu estranhes o que te digo: sim, Carmela, é preciso relacionar-se com Deus, mesmo que seja entre dúvidas e balbucios.

Por isso a inquietude que não sabe, mas abre passagem no escuro, confiando, apesar de tudo, é o melhor caminho.

3. Às vezes o religioso me parece pertinente. Outras vezes me soa como montagem. Perguntá-lo a ti, que és crente, parece um tanto maluco, não achas?

Luz, mulher de 30 anos.

Sim e não, Luz. É claro que para mim é mais que pertinente. É fonte de sentido e inclusive de ser pessoa. Nas respostas às perguntas a seguir creio que se verá com clareza.

Ainda que te pareça estranho, também para mim o religioso parece com frequência uma montagem.

- Quando recorro a Deus nos momentos difíceis da vida, e não me resolve nada. Tive de descobrir que a fé não é para solucionar problemas.

- Quando vejo como se confunde o religioso com certo aparato de ritos e com a adesão a crenças de cujo sentido nem mesmo se suspeita.

- Quando me vem esse hipercriticismo racionalista que pretende fazer da fé a conclusão lógica de uma série de argumentos. A fé é racional, Luz; mas não se impõe à razão por meio de demonstrações irrefutáveis.

• Quando o religioso afasta do real e não ensina a viver.

Sabes? As pessoas não crentes não têm ideias muito claras sobre como funcionamos nós, os crentes.

4. Estou percorrendo um processo tímido de aproximação da fé. Vou vendo a importância que tem sentir o mundo como algo fechado ou aberto. Que opinas a respeito disso?

Guillermo, homem de 30 a 35 anos.

Tu tocaste um ponto crucial, Guillermo. A verdade é que sentir o mundo como algo fechado ou aberto quase sempre depende de uma atitude vital não pensada, que se dá por hipótese.

Existem pessoas tão a gosto plantadas na finitude, que as perguntas pela transcendência lhes parecem inúteis. Não é que sejam materialistas ou superficiais, mas que seu modo de viver se prende ao dado e ao controlável. Às vezes, sentem a sacudida do não controlável, a morte, situações limite, mas as organizam, aceitando que a vida humana é assim, simplesmente.

Outras, ao invés, não podem se estabelecer na finitude. Às vezes, por não sei que incapacidade de viver o humano habitual. Outras vezes, porque seu olhar para o humano sempre vê mais longe.

Existem agnósticos coerentes que chegaram, pelo raciocínio, à sabedoria da finitude. Bastam-lhes a ética, a honradez da consciência pessoal e a solidariedade com o próximo. Admirável, sem dúvida nenhuma; mas não posso evitar, Guillermo, o sentimento de pesar. Não sabem o que perdem. Pergunto-me por que submetem a transcendência à suspeita, à dúvida sistemática.

Também existem agnósticos implicados a fundo em melhorar a condição humana, mas que não podem evitar uma saudade tenaz desse algo mais que transpõe as fronteiras da finitude controlável. Ah, se conhecessem o dom de Deus!

5. Crer serve para alguma coisa?

Aitziber, mulher de 30 a 40 anos.

A pergunta é altamente significativa, Aitziber.

- Deus não serve para explicar como funciona o mundo. Mas o mundo não existe senão porque Deus o criou e o sustenta.

- Deus não serve para triunfar na vida. Mas sem Deus a vida só tem como horizonte a morte.

- Deus não serve para me realizar como pessoa. Mas Deus concede te realizares de uma maneira tal que supera teus melhores sonhos.

- Deus não serve para fazer que este mundo seja mais justo. Estás certa disso?

Aitziber, creio que tua pergunta está malfeita. Crer em Deus não faz parte das coisas úteis. Poderíamos dizer perfeitamente que Deus não serve para nada, porque nem mesmo a pessoa humana se realiza a partir do que serve. Para que serve a pergunta que te fazes? Para que serve um filho? Para que serve ler poesia ou ouvir música? Para que serve a intimidade do amor?

Os sentimentos básicos do humano, sem os quais viver é estar morto, são os seguintes: agradecer, confiar, admirar... E acrescento com muito entusiasmo: crer em um amor primeiro e incondicional, aquele que Deus nos revelou em Jesus.

II – CONTEXTO

II. Contexto

A fé é algo eminentemente pessoal; mas não se dá fora de um determinado contexto. Faz anos o normal era ser crente, e além de crente, cristão, porque a cultura e a sociedade estavam configuradas pela ideologia cristã. Era raro ser muçulmano ou budista, ateu ou agnóstico. Nosso contexto atual é secular: interpreta a realidade e se organiza sem Deus. E além disso plural: distintas culturas em convivência, distintas ideologias religiosas confrontadas ou que aprendem a viver em paz...

6. No ambiente em que me movimento é frequente afirmar que a questão religiosa é de épocas superadas. Que pensas tu a respeito?

Esther, mulher de 42 anos.

Efetivamente, faz algumas décadas, generalizou-se a ideia de que o religioso chegava ao seu fim, que havia cumprido sua missão, que agora devia ser substituído por uma ética de caráter universal. A ideia, Esther, vem de longe, de alguns filósofos do século XIX, por exemplo de Comte. Supunha-se que o religioso cumpria uma função essencial enquanto o homem não podia se valer de si mesmo.

A realidade não correspondeu ao vaticinado. É verdade que o religioso não ocupa o papel central que ocupou em outras épocas, mas permanece e rebrota de um modo ou de outro. Por quê? Porque é questão radicalmente humana. A dimensão social do religioso diminuiu e até desapareceu; mas é que o religioso é mais profundo e se manifesta além. Por que não pensar que é uma sorte purificar o religioso do social para descobrir sua verdade mais autêntica?

É então o religioso algo meramente privado? Em minha opinião, é pessoal, mas não privado; é social, mas de outra maneira. Eu não posso ser cristão se o próximo não me preocupa e se eu não procuro uma sociedade mais justa e igualitária; mas, na sociedade secular na qual vivo, devo me comprometer com os direitos humanos sem necessidade de pertencer a nenhum grupo de cristãos. Basta-me uma ética humanista.

Não obstante, Esther, parece-me que a opinião que ouves em teu ambiente, de que a questão religiosa foi superada, não nasce de uma análise séria da mudança cultural que implica a implantação da secularidade em nossa sociedade, mas de uma atitude cômoda e superficial. É mais fácil recorrer a uma opinião da moda que a uma reflexão sincera sobre a dimensão religiosa da pessoa humana.

7. Interessa-me o tema de Deus, mas, quando vejo como o abordam os crentes, sinto-me distante. Qual a razão desse mal-estar?

Paula, mulher entre 28 a 35 anos.

Não é fácil responder à tua pergunta, Paula. Creio que há fatores distintos que influem em teu mal-estar.

Se tu tiveste tua crise de fé em relação ao aparato institucional e agora estás percorrendo um caminho altamente pessoal, custa-te conectar com "o povo da Igreja". É normal.

Embora estranhes, Paula, também em nós crentes produz mal-estar como algumas pessoas abordam o tema sobre Deus. Por exemplo, quando vemos que dão maior importância aos dogmas do que à experiência pessoal de Deus, ou quando cumprir as práticas religiosas implica tamanha carga de ritualismo.

Não é fácil sentir-se integrado na Igreja quando se é pessoa que vem "de fora". Até a linguagem empregada em nossas conversações comuns de crentes se torna chocante. Precisarás, Paula, de todo um caminho de integração, no qual sejas fiel a ti mesma, e, ao mesmo tempo, procures discernir, entre os crentes de sempre, os que vivem a fé com autenticidade (embora sua linguagem seja clerical) e os que não a vivem.

Se amadureceres na fé, relativizarás teu mal-estar. Descobrirás, para além da fachada eclesiástica, uma riqueza insuspeitada.

Dá tempo a ti mesma, Paula, que o mal-estar não te separe da comunidade cristã.

8. Estamos em uma cultura secular, na qual a interpretação da realidade teve de deixar de lado a presença e a ação de Deus. Não é incompatível crer em Deus e aceitar a cultura secular?

Juan José, homem de 37 anos.

Minuciosa pergunta, Juan José! Permite-me dar-te uma resposta em diversos momentos.

a) A cultura secular obriga a entender de um modo distinto a presença e a ação de Deus; mas não as nega necessariamente.

Para os crentes da "velha escola", pedir a Deus que chova no tempo da seca não é problema nenhum. Por que para nós é? Se a fé na presença e na ação de Deus depende de comprovar a causa da chuva, nossa cultura científica e secular dispõe da explicação; não se a atribuirá a Deus.

Como percebes tu, Juan José, a questão centra-se na explicação causal. Mas para mim, crente, Deus está presente e age sem que explique causalmente nada. Como é possível?

b) A interpretação dos fenômenos atmosféricos depende da cultura, mas a percepção de Deus depende da fé.

Não são duas luzes opostas, mas a mesma realidade vista em dimensões diversas. A chuva é um fenômeno controlável, que tem sua explicação mediante outros fenômenos. A presença e a ação de Deus não são controláveis. O que não quer dizer que não sejam reais. Quem confunde o real com o verificável não vê além do fenômeno. O crente vê toda a realidade sob a soberania de Deus, sem necessidade de verificar e controlar causalmente essa soberania.

Muda a interpretação cultural dos fenômenos. Permanece a fé em Deus, Senhor do mundo.

Mais tarde, Juan José, voltaremos a esse tema, na parte IX.

9. Não está a maturidade humana em que o homem seja a medida e a finalidade de tudo, e não Deus?

Domingo, homem de 45 anos.

Tocas, Domingo, uma questão muito delicada.

Até a etapa histórica a que chamamos Modernidade, a visão do mundo era claramente teocêntrica. O homem tinha seu lugar acima das outras criaturas irracionais, mas por referência a Deus, fim último do próprio homem, horizonte próprio de compreensão do conjunto do cosmos. Com a Modernidade chega o antropocentrismo.

É normal que o homem atual sinta tal antropocentrismo como sinal de maturidade:

- Permitiu-lhe conquistar a autonomia, libertando-o das tutelas e autoridades religiosas, as verdadeiras guardiãs da ordem sacra do mundo.

- A dignidade da pessoa humana, que se faz assim sujeito e protagonista de sua própria história, que presta contas de si mesmo somente diante da própria consciência.
- Deus não pode ser tal se não promove a autolibertação do homem.

Quanta verdade, Domingo, e quanta confusão no que acabamos de afirmar!

- Com efeito, existe uma autoridade que restringe a autonomia. Mas há outra autoridade que a liberta, precisamente, da autonomia centrada no eu. E tal é a majestade do amor de Deus, que nos possibilita ir além de nós mesmos.

Isso propõe outro tipo de maturidade, cujo critério último não é a autonomia, mas sim o amor interpessoal. Esse amor pressupõe a autonomia, mas se realiza na pertença, no dom de si ao outro ("sou teu, dois em um, sem deixar de ser dois").

- Existe uma autonomia que não aceita a finitude e outra que, aceitando-a, encontra nela seu crescimento.

Tal é o pecado original: ficar fascinado pela grandeza da liberdade e viver a finitude como limitação imposta. A liberdade humana ou aceita seus limites, e aprende a crescer, ou se faz megalomaníaca, e termina na enfermidade.

O antropocentrismo como fenômeno cultural é altamente valioso, porque liberta da imagem autoritária de Deus. Por isso, não se trata de voltar ao teocentrismo cultural, mas de viver *teologalmente* o antropocentrismo. Eis o caminho atual para ser maduro humana e religiosamente.

Teologalmente quer dizer:

- Que se pode interpretar e viver a realidade do homem e para o homem. Mas Deus não pode ser uma função do homem, porque nesse caso deixaria de ser Deus e o homem não alcançaria ser em plenitude.
- Que a relação de amor entre Deus e o homem não é nem antropocêntrica nem teocêntrica.

Para um cristão, para uma cristã, a referência fundamental é Jesus de Nazaré, o Deus feito homem, um homem livre acima de toda instância civil ou religiosa, capaz de entregar sua vida voluntariamente e que, ao mesmo tempo, tudo faz em obediência a seu Pai. Esta maturidade o Novo Testamento chama de *obediência filial*, para além de antropocentrismo e teocentrismo.

Já sei, Domingo, que a resposta pressupõe todo um caminho de experiência. Em páginas posteriores se esclarecerão alguns aspectos, espero; mas na verdade nada se esclarece enquanto a pessoa autônoma não vive uma relação com Deus, na qual se liberte da necessidade de ter a última palavra sobre si mesma.

Deixemos assim a resposta, abrindo um horizonte novo de compreensão: não contrapor a autonomia da pessoa à fé em Deus, e indicando que só a relação com Deus possibilita uma síntese real. Acontece também no humano: enquanto não houver um amor de verdade, adulto, existirão pessoas que sentem que o outro lhes tira a liberdade e a autonomia.

10. Conheço amigos e amigas aos quais o tema religioso inquieta. Dizem-me que não sabem com quem falar a respeito do tema. Que acontece?

Merche, mulher de 35 a 45 anos.

Suponho, Merche, que a imagem que lhe damos os "homens da Igreja" não facilita as coisas. Estamos associados a um determinado "sistema", do qual se sentem muito distanciados teus amigos e amigas.

Por outro lado, é preciso reconhecê-lo, nós padres fomos educados para doutrinar os de sempre e formados apenas para acompanhar os processos interiores das pessoas que buscam um sentido para a existência.

Sinto pena de dizê-lo, mas creio que atualmente nos seminários nem mesmo se ensina a pastoral para os afastados ou vacilantes. Observa, Merche, que empreguei de propósito a palavra "afastados". Significativo do modo como nós padres abordamos a pastoral dos não-crentes ou apenas crentes.

Meu conselho é que teus amigos com inquietude religiosa primeiro busquem um leigo como eles, ao qual considerem autêntica testemunha da fé. Que falem e comparem. Mais tarde, podem recorrer a um mestre espiritual que os ajude a fazer um processo interior.

III – A PERGUNTA NÃO É NEUTRA

III. A pergunta não é neutra

As perguntas sobre Deus nunca são neutras, simplesmente porque tocam à pessoa no íntimo do seu ser.

Pode ser que Deus não interesse vitalmente, até que apareça a pergunta, e já não poderá ser tratada como um teorema matemático.

O racionalista pensará que a resposta exige, para que tenha garantias de verdade, o máximo de neutralidade. Pois bem. Conhece-se melhor a resposta quando uma pessoa se sente implicada pessoalmente. O conhecimento de Deus é um caminho que desperta modos de conhecer diversos dos que a ciência manuseia (esta sim é que deve ser neutra).

Por isso, nenhum ateu ou agnóstico se convencerá se não estiver disposto a ver além daquilo que já tem sob controle.

Que alguns são demasiado crédulos? Sem dúvida; mas só demonstram que existe uma fé infantil, e outra, adulta.

Quando a fé em Deus foi importante em outra época da vida e depois foi abandonada, é mais difícil voltar a ela racionalmente; mas mais fácil se a pessoa descobre a nostalgia de seu coração, atraído por aquilo que nega ou busca.

Existem momentos em que Deus "aparece" no claro-escuro da consciência. Mil formas: diante do mistério de um filho, no luto pela morte de um ser querido, quando a beleza surpreende, quando a finitude desbarata os melhores projetos... Aparece e desaparece. Que importante que essa luz tênue e fugaz não seja submetida a suspeita e suscite busca!

Na medida em que vais lendo este pequeno livro, já te estás implicando. Por certo as respostas não te convencerão cem por cento; nem o pretendem. No melhor dos casos, te ajudarão a esclarecer mal-entendidos ou a olhar as coisas por outro lado. O decisivo está em tua atitude vital, ao te dar uma intuição que rompa teus esquemas, por mais bem montados que sejam.

Deves saber que, nesse ponto das atitudes, não crentes e crentes coincidimos. Embora eu seja cristão, sei que a cada dia ponho em jogo o sentido de minha vida na atitude que tenho diante de Deus e diante dos outros: se me fecho, na defensiva, ou se me abro, dando passagem. Posso inclusive utilizar as crenças como um escudo para não me comprometer, o que é monstruoso.

Permites-me uma pergunta atrevida? Que atitude estás adotando na leitura destas páginas? Já vês, nem mesmo eu posso ser neutro. Não me custa respeitar a consciência e entender que não te tornes crente, visto que a cada dia parece-me um milagre a fé; mas não seria honrado se não te fizesse semelhante pergunta.

IV – POR QUE BUSCAR O SENTIDO DA VIDA?

11. Para mim a vida se resume em uma palavra: vivo. Que me dirias tu disso?

Olivia, mulher de 26 a 35 anos.

Chama-me a atenção que, sendo tão jovem, tenhas concentrado tua vida em viver. Isso me admira.

Quer dizer que não confias nas montagens que as pessoas fazem para encontrar um sentido para a vida? Sim, existe muita gente que, em vez de tomar a vida nas mãos e se comprometer a fundo, se dedica a buscar razões para viver fora da mesma vida. Entre crentes ocorre com certa frequência. Não descobrem a riqueza que é o viver humano e necessitam acrescentar crenças. O sentido da vida seria um acréscimo mental. Pessoas assim funcionam mais ou menos bem, mas não se implicam na realidade que lhes cumpre viver.

Não obstante, não se pode reduzir a questão sobre o sentido da vida ao simples viver, embora seja o topo.

Que entendes por viver, Olivia?

Porque pode significar, precisamente, que não aceites que a vida tenha um sentido e, além disso, que tenha de ser buscado. Vale a pena viver se a vida não tem sentido?

Não é possível viver humanamente sem a pergunta sobre o sentido da vida, ainda que a resposta seja muito variada. A pessoa não pode viver sem perguntas, sem tomar decisões, sem pensar no futuro.

Pode acontecer que uma pessoa se proponha explicitamente a questão sobre o sentido da vida; mas sempre está dando um sentido a sua vida, irremediavelmente. Se eu decido não me fazer perguntas, essa decisão já é um modo de dar sentido à vida.

Evidentemente este livro pressupõe várias coisas:

- Primeiro, que busco um sentido para a vida e o busco conscientemente, porque não o encontrei.

- Segundo, que não é válida uma resposta qualquer. Por exemplo, que a vida consiste em viver, essa não me convence.

- Terceiro, que Deus tem a ver com essa questão.

Sabias, Olivia, que na Bíblia existe um livro, o Qohelet (chamado também Eclesiastes), que se conecta admiravelmente com tua proposta? Escreve-o um judeu crente que está de volta. A religião o ensinou a sonhar e a ter grandes ideais; agora tudo o que aprendeu não lhe serve para viver, e afirma que o importante é desfrutar o momento presente. Não obstante, ao mesmo tempo, diz que lhe resta Deus, que a fé em Deus lhe dá consistência.

Pode-se compaginar a fé com essa sensação de que o importante é viver e não esquentar a cuca com isso?

12. Suponho que a vida tem a ver com crer em algo; mas eu não sei se creio. Essa é a minha dúvida.

Iker, homem de 25 a 35 anos.

Vamos ver, que queremos dizer com crer?

Não podes viver, Iker, sem crer em teus pais ou na pessoa a quem amas. Mas pode-se viver sem crer em Deus.

Suponho que te referes à crença religiosa, a crer em algo superior a nós. Minha opinião é que o importante não é ter crenças religiosas, mas crer em Alguém que merece nossa fé, porque tivemos uma história com ele e nos demonstrou que é digno de fé.

Em temas religiosos costuma haver muitas confusões. Se eu me faço crente porque necessito crer em algo, confesso-te que isso me faz suspeito. Que acontece que não sou capaz de valorizar a vida humana, mesmo que não seja perfeita, ou que a religião seja um ancoradouro para não me sentir perdido? Voltaremos, Iker, a falar sobre esse tema.

Para mim, não se pode viver sem crer, porque a base de qualquer relação humana é a fé. Mais ainda, não se pode viver sem certa fé no futuro, isto é, sem esperança. Mas eu não sou crente porque creio nas pessoas, ou porque espero, apesar de tudo, um futuro melhor para os famintos e oprimidos. Creio porque Deus tem sido para mim realmente, em uma história concreta, o amor fiel e incondicional.

13. Dá sentido à vida ser honrado e ajudar o próximo. Falta algo mais?

Nekane, mulher de 46 anos.

Como tu, Nekane, existem muitas pessoas que dão sentido à vida a partir da ética, da conduta fiel à própria consciência (honradez) e da solidariedade humanista. Em muitos casos, porque a religião não lhes serviu para viver e, o que é pior, porque as pessoas religiosas não demonstraram a coerência ética que deveriam ter tido.

Não é pouco dar sentido à vida a partir da ética. Atrevo-me a dizer, Nekane, que uma religião que não promova honradez e solidariedade está viciada na própria raiz.

Não obstante, isso que é muito é pouco para a pessoa humana. Assinalarei alguns pontos de reflexão:

- A atitude ética não te faz perceber que a vida é um dom. Sem dúvida és muito responsável com teus filhos, lhes deste o melhor; mas sentes um profundo agradecimento por eles? O agradecimento te situa na vida de um modo distinto da responsabilidade.

- A ética se torna muda diante da finitude e da morte. E isso porque se move neste mundo, o que depende de nós. Mas que acontece diante da enfermidade grave, por exemplo? Melhoramos a medicina, é verdade; mas nada nem ninguém pode evitar o morrer.

Conheço a resposta de muitos agnósticos: a atitude que dignifica o outro não pode depender de resolver o problema da finitude. Plenamente de acordo. A luta pelos direitos humanos não necessita de nenhuma crença religiosa; é verdade. Mas a questão sobre o sentido da finitude e da morte fica de pé, sem resolução.

Alguns creem resolvê-la prescindindo da questão ou afirmando que o único sentido da vida é a ética, que o correto é aceitar a finitude, prescindindo das crenças religiosas.

Por que, apesar de tudo, o amor quer que o outro viva sempre, e quando te morre um ser querido desejas que seja imortal?

A resposta de alguns é implacável: trata-se de um desejo ilusório, ao qual é preciso renunciar.

Isso te convence, Nekane?

Para mim merece respeito e até admiração uma ética tão consequente; mas não me convence. Dizia Pascal que "o homem é mais que o próprio homem". Tu o formulaste em tua pergunta: "Faltará algo mais?". O que a nós humanos nos desorienta é sempre esse mais, que volta frequentemente a nossa consciência, por mais que nos empenhemos em ter respostas cerradas, que não deixem lugar a esse mais.

O que acontece é que eu matizaria tua pergunta: "Que queres dizer com isso de se faltará algo mais?". Minha resposta (talvez te pareça paradoxal) é que, para que sinta falta de algo mais, na pessoa devem se desenvolver alguns órgãos interiores que possam perceber esse mais.

Se eu dou por consumado que só é real o que é verificável cientificamente, não há por que conhecer nada fora da finitude. Mas é um *a priori* nada científico supor que só é real o verificável cientificamente.

- Para começar, o caráter incondicional dos direitos humanos não pertence à ciência, mas é real.

- A pergunta pela existência de um ser transcendente, a quem as religiões chamam Deus, é perfeitamente legítima, embora não seja científica.

- O amar outra pessoa, de modo que pões tudo em jogo por ela, é real, mas não entra no método científico de conhecimento.

Já vês, Nekane, a resposta à tua pergunta depende da profundidade com que a pessoa vive. A grandeza da ética não está em ser coerente (que não é pouco), mas em criar uma atitude perante a pessoa humana. A mim, crente, essa atitude se me torna muito próxima da experiência religiosa. Tu o intuis, não é verdade?

14. Por que a maioria das pessoas que conheço não se fazem as perguntas que a mim me atormentam?

Jon, homem de 23 anos.

A pergunta é muito pessoal, Jon, e imagino que procuraste encontrar a resposta.

Já sabes, existem pessoas sempre insatisfeitas. Alguns psicólogos diriam que "inadaptadas". Suponho que tu não és uma delas. Ao invés: estás insatisfeito porque não encontras resposta a tuas perguntas; não te fazes perguntas porque és um insatisfeito. Também pode ter mistura das duas coisas: és um não conformista, mas és um apaixonado pela verdade.

Nem mesmo te empenhas em que os outros se questionem como tu. Deram-lhes uma educação para viver com os pés no chão, ou preferem não se interrogar para não se sentirem incômodos. Sem dúvida, também conheces gente que já respondeu a tuas perguntas da maneira mais simples e superficial: que tuas perguntas são inúteis, que esquentas a cuca por nada...

Aos 23 anos, reflete se tuas perguntas nascem primordialmente da curiosidade intelectual ou se te provêm de dentro, te importam verdadeiramente. Por que se só são distrações mentais, enquanto precisas implicar-te no amor e no trabalho, desaparecerão. Se dizes que te "atormentam" é porque te afetam vitalmente. São o melhor que tens. Às vezes te assalta a tentação de prescindir delas para ser como os outros e não complicares tua vida; mas notas que não serias fiel a ti mesmo e que vale a pena continuar procurando.

Espero, Jon, que este livro te ajude a encontrar respostas.

V – A BUSCA DE IDENTIDADE PESSOAL E A QUESTÃO RELIGIOSA

15. Creio em algo; mas não me interessa a espiritualidade cristã, não tem nada a ver comigo. Não posso fazer a partir daí meu caminho?

Amparo, mulher de 35 a 50 anos.

Certamente que sim, Amparo, pois existem muitos caminhos de espiritualidade. Qualquer fé é para a pessoa, e não o inverso. Sem esse primado da pessoa, as crenças seriam sistemas de opressão.

Permite-me algumas observações. A primeira: que existem muitos caminhos de espiritualidade, sem dúvida; mas os caminhos não são todos iguais. Por exemplo, uma espiritualidade sem Deus não é igual a uma espiritualidade com Deus. É preciso distinguir claramente entre o desenvolvimento da própria interioridade e a experiência religiosa da relação com um Deus pessoal.

Suponho que em tua infância e tua adolescência te educaram na doutrina cristã (dogmas e normas) e que talvez não te ofereceram um caminho de experiência espiritual. Por infelicidade, Amparo, assim tem sido com frequência. Também eu me pergunto por que os padres e educadores cristãos doutrinam tanto e acompanham tão pouco no caminho espiritual da fé.

Atrevo-me a fazer-te uma segunda observação, com o máximo respeito, desde já. Que procuras na espiritualidade, experiência subjetiva ou uma entrega de amor? Para ti vale a pena uma espiritualidade centrada em ti e que não desdobre o melhor de ti, a capacidade de amar a Deus e ao próximo?

Nesse sentido, o cristianismo se mostra estranho, porque considera que o mais espiritual é amar a Deus e ao próximo. É possível, Amparo, que te pareça pouco espiritual, porque isso de amar a Deus e ao próximo tem para ti sons de normas e obrigações. Em cujo caso tens toda a razão. Faz a hipótese de que não se trata de um mandamento, mas da transformação mais profunda do coração humano. Nós cristãos dizemos que a faz o Espírito Santo derramado em nosso interior. Assim o diz São Paulo na Carta aos Romanos, capítulo 5.

Tens razão, Amparo, a experiência religiosa não se aprende com a doutrina, mas na relação com um Deus pessoal. Descobriste essa relação com o Deus de Jesus? Suspeito que buscaste em outras espiritualidades o que não soubemos te oferecer na comunidade cristã.

16. Quando se crê em Deus com base em uma crise, não será só uma necessidade psicológica?

Aritz, homem de 24 a 35 anos.

Pode ser, efetivamente; mas, nesse caso, Aritz, quando passa a crise, desaparece o interesse por Deus. Outra coisa é que a crise pode ser a ocasião para que a vida apareça sob uma luz diversa. Se acreditas que a felicidade está ao alcance da mão, e a crise te revela a finitude e que não podes fundamentar o sentido da existência em algo caduco, então a crise é um caminho que te conduz para a verdade de ti mesmo e de Deus.

Os filósofos clássicos distinguem entre causa, condição e ocasião. Para A. B., Deus é só uma necessidade psicológica, porque recorre a Deus para que lhe solucione problemas pelos quais é ele o responsável. Para B. A., também, porque suas necessidades afetivas ele as projeta em Deus, afastando-se da relação com outras pessoas.

C. D. necessitou experimentar o câncer para voltar para Deus, porque era um autossuficiente. D. C. tinha uma nostalgia, à qual não sabia dar nome. Entrou em uma igreja, e sem razão nenhuma começou a orar (havia deixado a fé fazia já vinte anos).

É demasiado simplista reduzir a necessidade o que se passa no coração quando dá passagem a Deus, não te parece?

Na tradição judeu-cristã, Aritz, Deus se manifesta a partir de sua liberdade, enquanto dom de si mesmo. Não se nega a necessidade, mas a dinâmica é, precisamente, a contrária: a Deus se conhece quando e como ele o quer. E o faz sempre por amor, mas não se deixa agarrar. Mais adiante falaremos sobre "o que oferece o cristianismo". Reflete sobre isso para entender esta ideia: que o Deus cristão só pode ser percebido como dom, não como objeto de nossas necessidades.

17. É preciso crer em Deus para se realizar como pessoa?

Andrés, homem de 44 anos.

A pergunta é capciosa. Para um não crente é claro que a pessoa pode se realizar sem Deus. O verdadeiro crente sabe que não pode se realizar sem Deus; mas o sabe, por sua vez, porque lhe aconteceu realizar-se com Deus e em Deus. Enfatizo isso de que se lhe deu.

Como o crente vai negar aquilo que vê diariamente, tantos não crentes que alcançam plenitude humana sem Deus? Maduros, mais solidários que ele mesmo, honrados trabalhadores, fiéis no amor, entregues... Não obstante, não pode evitar a dor que lhe produz, sobretudo se são pessoas queridas, que não conheçam Deus.

Que é realizar-se como pessoa? Muitos cristãos apelam para princípios de sua ideologia, por exemplo que Deus é o fim último do homem, que só Deus pode legitimar que a moral tenha um caráter incondicional etc. Em minha opinião, a pessoa pode se realizar sem Deus porque Deus não pertence à ordem das necessidades humanas, nem ao desenvolvimento de suas capacidades. Suspeito que considerar Deus como necessário está ligado à cultura na qual é impossível pensar a realidade sem Deus. Mas nós estamos em uma cultura antropocêntrica e secular, na qual a pessoa não necessita de Deus.

Que não seja necessário não quer dizer que seja dispensável. Pode-se viver sem Deus, mas uma vez que te hajas encontrado com Deus é *mais que necessário*. Darei um exemplo: Kepa necessita amar para se realizar, mas não necessita de Miren; uma vez que compreendeu que Miren dá sentido à sua vida, já não pode se realizar sem Miren. A esse tipo de necessidade eu chamo a necessidade que se dá "por sua vez".

É vital mudar a perspectiva para se propor o tema sobre Deus. Sou crente judeu-cristão, e nosso Deus, o da Bíblia, é aquele que sai livremente ao encontro de uma história de amor.

Algum cristão apelará para a famosa frase de Santo Agostinho: "Tu nos fizeste, Senhor, para ti e nosso coração não pode descansar enquanto não te encontrar". É verdade; mas é preciso fazer uma matização essencial. Um coração assim, que só pode descansar em Deus, é um coração que foi devassado por Deus até se tornar desejo de Deus. Em teoria, todo coração humano é desejo do mais, e nesse mais, no horizonte último está Deus. Sim, eu o afirmo como crente; mas devo deter-me aí, no horizonte último da realização. Na condição humana finita, se Deus não vem a mim para me realizar, posso realizar-me sem ele.

Já vês, Andrés, que a pergunta é embaraçosa, e supõe um pensamento bastante complicado. Em vez de propor a questão em nível teórico de grandes princípios, parece-me que tua pergunta quer ser prática, para se sentir em casa. Minha opinião pode se resumir assim:

- Efetivamente, a pessoa pode realizar-se sem Deus. Mas não sabe o que perde se fecha o horizonte de realização no desenvolvimento de suas capacidades dentro da finitude que controla.

- Em vez de discutir sobre Deus como princípio absoluto de toda a realidade, parece-me melhor o caminho que este livro sugere uma e outra vez: por que não deixar a ele que se mostre e que se aproxime de nós? Em vez de falar de Deus como um fim necessário do homem, falemos do Deus que quis ser o grande presente, o grande dom da nossa vida.

Parece-me normal que alguém diga que estou sendo subjetivo, que falo de minha fé. Tem sua parte de razão, sem dúvida; mas espero que compreenda que minha proposta exige uma racionalidade radical. A questão de fundo é a seguinte: como pensar corretamente sobre Deus desde uma interpretação do mundo e do homem, ou desde sua transcendência absoluta e sua liberdade? Não se opõem ambas as perspectivas, mas a ênfase é muito distinta.

Talvez o leitor esteja pedindo desde agora que lhe indique os passos que precisa dar para se encontrar com esse Deus. Espere um pouco, por favor.

Outro leitor ou leitora perguntará: "Que acrescenta Deus à realização do homem sem Deus?". Caminhemos por partes, não digamos tudo desde já.

Alguém tirará a conclusão de que com esse Deus não há nada a fazer, que só é preciso cruzar os braços e esperar. Com efeito, só ele toma a iniciativa para se manifestar; mas eu tenho de me abrir e estar disposto a acolhê-lo. Certamente não é questão de esforço para alcançar uma meta; mas tenho de aprender a confiar e estar atento aos sinais que me dá aquele que se mostra a mim.

18. A que se deve a falta de interesse da juventude atual pela questão religiosa?

Ana, mulher de 27 a 35 anos.

Existem cristãos e cristãs de mentalidade conservadora que julgam os jovens aos quais não interessa a religião de uma perspectiva moral. Atribuem-lhes superficialidade e egoísmo. Como é fácil, dizem, viver sem Deus, sem impedimentos!

Mas tu conheces, Ana, muitos jovens que participam de algumas ONGs e que são altamente responsáveis, aos quais Deus não preocupa em absoluto. O que lhes interessa são as pessoas e o futuro da humanidade.

Em minha opinião a ausência de Deus nas pessoas é consequência de diversos fatores, por exemplo:

- Que seus pais, embora fossem praticantes, não eram realmente pessoas religiosas.

- Que não lhes agrada uma religião tão institucionalizada como a católica. Querem algo mais vivencial e pessoal.

- Que não sabem como integrar a autonomia individual com a autoridade de Deus. Esta integração exige um processo não fácil de personalização da fé.

A consequência é que a fé não pode nem deve se transmitir como em outras épocas, como herança de pais para filhos ou como parte da educação. Na Igreja, temos de reconhecer, estamos muito pouco preparados para as exigências atuais da evangelização.

Não obstante, Ana, confesso-te que nisso de religião preocupam-me mais os adultos do que os jovens.

19. O ser da pessoa não é porventura Deus?

Amparo, mulher de 35 a 50 anos.

Creio que esta pergunta tem a ver com a pergunta 5. Em certa corrente do hinduísmo, o Advaita em particular, a espiritualidade é uma tentativa de superação do eu para chegar à unidade originária do Ser Uno. A diferença entre este e aquele, entre eu e tu, seria uma ilusão por falta de iluminação da Verdade. O ser da pessoa é Deus, porque *só é*, em sentido próprio, Deus, o Todo-Uno.

Não é este um livro, Amparo, para nos metermos em discussões filosóficas complicadas. Vou permitir-me só umas poucas observações:

- Fora das três religiões monoteístas (judaísmo, cristianismo e islamismo) não existe a ideia de um Deus pessoal e criador de todos os seres, anterior ao mundo e transcendente.

- Segundo o cristianismo, o homem não é divino, mas Deus o eleva até participar da vida divina por pura graça, sem deixar de ser criatura. O que implica uma história de amor, único modo de estar unidos na diferença.

- A pessoa tem um valor absoluto, mas não é o Absoluto.

Tu sabes, Amparo, que o Oriente sente-se incomodado com as categorias de liberdade e de amor interpessoal. Fala do ser; mas o ser, em definitivo, é impessoal, embora não seja material. Pode ser espiritual algo impessoal?

O Advaita salienta a grandeza do homem e ensina um caminho no qual recupera seu ser. Admirável, sem dúvida. Mas esta imagem do homem contrasta com a contrária: que não somos mais que corpo e fruto da evolução das espécies, sem outro futuro que o pó. Por que os humanos nos debatemos entre os extremos, anjos ou animais? Penso que a verdade de uma religião, entre outras coisas, tem de fazer uma síntese coerente entre a grandeza e a miséria da pessoa humana. Existem religiões que salientam a grandeza do homem, sua dimensão mais espiritual e divina; outras dão ênfase à sua miséria, ao pecado e à necessidade de ser salvos. Não sei que ideia terás tu do cristianismo, Amparo, mas a mim parece que oferece uma visão muito realista: a vocação do homem é divina; mas realizá-la é dom de Deus, e para isso é preciso percorrer um caminho. Este caminho exige esforço, mas não depende do esforço. A sabedoria reside na relação com Deus: confiar, esperar, agradecer, pedir.

VI – OFERTAS DIVERSAS DE SABEDORIA

VI. Ofertas diversas de sabedoria

Em outras épocas, em nossa sociedade, o Deus sobre o qual se perguntava era único, o cristão, e o caminho, igualmente, aquele que ensinava a Igreja católica. Nossa sociedade é plural em quase todos os campos. No terreno religioso é evidente: caminhamos não-crentes e crentes de diversas religiões, inclusive se desenvolvem espiritualidades diversas sem Deus. Todos buscamos sabedoria.

Ser sábio não é saber muito; não depende da informação. Existem especialistas no que se supõe que é o saber sobre Deus, a teologia, e têm conhecimentos enciclopédicos, e apenas têm experiência religiosa, e com demasiada frequência, por infelicidade, sua teologia escurece a sabedoria do espírito.

A sabedoria tem a ver com o sentido da vida, com a experiência, com a pergunta que atravessa nossa existência: "Como acertar na vida?".

20. Eu sou pouco crente, mas sempre relaciono a sabedoria com Deus. Conheço pessoas que sabem viver a fundo e que dão um sentido à vida sem Deus. Por que não ser humano e humanista, simplesmente?

Roberto, homem de 43 anos.

A grandeza da pessoa humana reside em que pode dar, livremente, um sentido à sua vida. E o faz segundo as ideias que tenha sobre o bem e o mal, sobre a vida e a morte, sobre a existência ou a não existência de Deus; mas é ele quem toma a vida em suas mãos e se define. Por isso, pode-se ter a ideia de que Deus existe, mas é muito diverso fazer dele o caminho da sabedoria.

Tua própria pergunta, Roberto, dá a entender que acreditas em Deus, mas que poderias viver sem Deus, perfeitamente, concentrando tua vida em uma sabedoria humanista que pode ter diversas formas (o cuidado dos teus, o ser solidário com os necessitados, a investigação científica etc.). Não obstante, por que relacionas a sabedoria com Deus? Trata-se de um resto da educação recebida ou existe uma intuição certeira, irredutível?

Terás de te esclarecer a esse respeito, Roberto.

21. Quando era adolescente, sabia o que era bom e o que era mau, quem era Deus, onde estava a verdade... Agora, são tantos os caminhos religiosos que me desorientam.

Estíbaliz, mulher de 40 a 50 anos.

Existem muitos e muitas como tu, Estíbaliz. A maioria dos humanos necessita viver com ideias claras e seguras. Não suportam dúvidas a respeito do importante, do que tem a ver com eles, precisamente, com a sabedoria da vida. Assim na Igreja católica os que se agarram aos dogmas e às normas, à autoridade que garante sua verdade.

Mas é uma armadilha. Cristão e católico que sou, aceito a autoridade da Bíblia e da Igreja, mas não vivo nem dos dogmas nem das normas, porque minha fé não é um sistema doutrinal, mas uma sabedoria da vida (um pouco peculiar, é verdade, como explicarei mais tarde).

Para ser sábio, é preciso percorrer um caminho pessoal. As diversas religiões oferecem diversas sabedorias, e quando se as conhece a fundo são admiráveis, cada uma com suas características. O mal é que a maioria de seus adeptos adere a suas doutrinas e as pratica, mas não descobre sua sabedoria de vida. Algumas pessoas a descobrem, e são transformadas interiormente.

Não é estranho que outras procurem encontrar um comum denominador, afirmando que as religiões não são mais que expressões diversas de uma mesma busca de sabedoria, o desejo da plenitude humana que nunca alcançamos.

Seguramente, Estíbaliz, conheces livros e mestres de espiritualidade que fazem o esforço de reler as linguagens das diversas religiões nessa chave de sabedoria comum. Conheces, por exemplo, o movimento da New Age? Traduz o cristianismo para a experiência subjetiva, para o desenvolvimento da interioridade. Elabora um conjunto de ideias entremisturando religiões orientais e religiões monoteístas. Este sincretismo religioso é profundamente atraente, porque responde a nossa cultura da subjetividade, que se liberta de toda referência objetiva de verdade.

Sabes qual é a consequência? Não existe outra verdade senão minha experiência; a sabedoria não tem a ver com Deus, mas comigo.

Não é fácil, Estíbaliz, esclarecer-se neste terreno.

Por um lado, é inegável que existem muitos elementos comuns da busca de sabedoria nas diversas religiões.

Por outro lado, as religiões falam da realidade de Deus (com nomes e conteúdos diversos), e a partir dessa realidade de Deus é que traçam seus diversos caminhos de sabedoria, não o inverso.

O que choca é que a fé cristã não se apresente, primordialmente, como sabedoria religiosa, mas como Revelação histórica de Deus.

Voltaremos a falar disso.

22. Se existem tantos modos de ser sábio, a questão da verdade é secundária. Pretender um caminho que desconsidere os outros não seria digno da riqueza do homem.

Estíbaliz, mulher de 40 a 50 anos.

Parece-me que confundes algumas coisas, Estíbaliz.

Que existam muitos caminhos de sabedoria não quer dizer que a verdade seja secundária, e sim que aos humanos nos custa muito alcançar a verdade, e não, digamos, a Verdade com maiúscula. Teu raciocínio é típico de nossa cultura pós-moderna, esta exacerbação da subjetividade, na qual a única coisa que conta é minha experiência. Perdoa que seja brutal, Estíbaliz: essa atitude pertence a um narcisismo adolescente. Nenhuma pessoa adulta considera a verdade como algo secundário.

É compreensível a reação diante de uma verdade objetiva, quando esta foi confundida com o sistema autoritário das religiões. Mas, exatamente, trata-se de uma reação adolescente.

Pretender oferecer a verdade sobre Deus não tem por que implicar a desqualificação dos outros. Os cristãos o fizemos, infelizmente. Mas a atitude tolerante também não é a última palavra. A questão da verdade permanece. Não é a mesma a sabedoria do Tao, a de Krishna, a do Evangelho de Jesus. Opõem-se? Não; mas são distintas. É possível que a mim pareçam iguais, porque todas são sabedoria; mas é porque renunciei antecipadamente a me perguntar pelas diferenças. No fundo, já tenho a ideia de que são expressões diversas do mesmo, isto é, que não existe verdade sobre Deus, mas só experiências subjetivas diversas.

Tens razão, Estíbaliz: a riqueza do homem é maior que uma religião particular, inclusive maior que todas as sabedorias. Mas esqueces o mais importante: que o infinitamente rico é Deus, muito mais que nossa variedade humana de experiências.

Pois bem, se a Deus ocorreu dar-nos em Jesus sua sabedoria pessoal, definitiva, eterna é justamente porque o cristianismo não é sabedoria nossa, mas dom que Deus nos faz de sua própria sabedoria, não necessita desqualificar nenhuma outra e não pode negar o dom ao mesmo tempo.

23. Desde algum tempo me atraem mais as religiões orientais que a cristã, precisamente porque me parecem caminhos de sabedoria, e o cristianismo não.

Juan, homem de 38 anos.

Se soubesses como te entendo bem, Juan! Também eu tive a tentação de substituir a fé pela sabedoria.

A fé parece adesão submissa a uma palavra externa de uma autoridade. A sabedoria é caminho de crescimento pessoal.

Assim é, até que descobres que a fé cristã consiste em participar de uma história incrível de amor, a qual Deus iniciou com Abraão, alcançou sua plenitude em Jesus e agora se atualiza na Igreja. A fé é a luz interior pela qual se te dá ver nos acontecimentos, testemunhados na Bíblia e celebrados na comunidade cristã, a realidade de Deus autocomunicando-se.

A fé cristã, certamente, é sabedoria, Juan, mas de outro modo:

- Experiência real de Deus, sem dúvida.

- Fundamento de sentido, nada menos que o amor de Deus entregue em Cristo Jesus.

- Caminho de realização da pessoa humana ao modo de Jesus e de seu Evangelho.

- Projeto de transformação do mundo segundo o projeto do Pai, anunciado pelos profetas e posto em andamento por Jesus, seu Messias.

Quando falamos de sabedoria, Juan, o caminho é o nosso a partir de nós; quando falamos da sabedoria da fé, o caminho é Jesus, verdade e vida do homem, dom da liberdade e do amor de Deus aos homens.

Poderás crer ou não; poderá parecer-te prepotência ou não; mas não escolhemos nós o caminho que Deus escolhe para nós.

VII – O QUE OFERECE A FÉ CRISTÃ?

O título desta parte não provém de nenhuma pergunta explícita; mas ao entrevistado pareceu importante oferecer uma visão de conjunto subjacente como resposta a muitas perguntas.

1. A fé cristã oferece uma história

"Embora vo-lo contem, não o acreditareis", dizia o profeta.

Em nossa pretensão de sermos Deus, nós humanos introduzimos o pecado e a morte em nossa existência. Com formas inumeráveis: angústia da finitude, incapacidade de amor desinteressado, deterioração das relações interpessoais, injustiça e violência... Mas Deus não nos abandonou a nossa sorte. Fiel e misericordioso, se propôs restaurar sua criação primeira, e o fez através de uma história surpreendente: escolhendo um povo que devia ser o sinal de seu amor eterno. Momentos esplêndidos de sua iniciativa salvadora: libertação do Egito, aliança no Sinai, dom da terra, eleição de Davi, reforma de Josias, regresso do desterro... O que ele fazia devia passar sempre pela liberdade de Israel, pela fidelidade de seus representantes e pela resposta agradecida do povo. Esta história foi profundamente dramática; reflete com clareza as dificuldades e resistências que todos os humanos colocamos a seu amor. Mas Deus se empenhou, uma e milhares de vezes, em educar o coração e a conduta de seus escolhidos.

Quando se conhece essa história, o Antigo Testamento, não se pode evitar a sensação básica de fidelidade de Deus e de fechamento incompreensível de Israel, isto é, de toda a humanidade. Até que chega Jesus, o bem-amado, o Messias que vinha a cumprir o anunciado pelos profetas. O lógico teria sido que "o esperado" fosse acreditado e acolhido. Pois assim não foi: o conflito se exacerbou até o extremo. Rechaçado e crucificado. O que jamais teríamos imaginado é que Deus, seu Pai, o ressuscitaria dentre os mortos, e assim, cabalmente, recriaria a nova humanidade, desejada e sonhada durante séculos. Não obstante, esse novo começo não foi por golpe de força mágica. Fê-lo reunindo um grupo de discípulos, tão torpes e incrédulos como todos, aos quais atribuiu contar essa história a toda a humanidade, e aos quais prometeu guardar fielmente até o fim dos tempos. O último ato dessa história será sua segunda vinda, como juiz dos vivos e dos mortos, quando a humanidade inteira for colocada diante do seu amor, revelado desde a criação do mundo.

Os leitores e leitoras que tenham raízes cristãs em sua infância leram sinteticamente coisas que lhes recordam a velha "história sagrada" e o credo cristão. É provável que se sintam desorientados, porque dão por resolvido que se trata de lendas. Os que não têm raízes cristãs sentir-se-ão totalmente estranhos a essa história. Todos devem saber que a fé cristã encontra sua identidade aqui.

Podes crer ou não nessa história; mas tem testemunhas. A Bíblia, o povo da antiga aliança e o povo da nova aliança o corroboram.

Esta história foi escrita de um modo peculiar, não científico; mas não pode ser reduzida a mito (explicá-lo-emos na parte XI).

Se a ti acontece crer nessa história de amor, à medida do coração de Deus, dispõe-te a mudar radicalmente tua visão de Deus, do homem e do mundo. O que não suspeitas é a luz que se te oferece.

2. A fé cristã oferece Jesus

O que a fé cristã diz de Jesus é tão escandaloso, que não é estranho que se procure, inclusive entre teólogos, evitar o conflito que se levanta à razão humanista e inclusive religiosa.

Faz anos, em uma palestra a universitários, falei eu da centralidade de Jesus. Recordo a objeção de uma garota que estudava biologia: "Como podes pensar que, em um ponto do espaço e do tempo, se concentra o cosmos e a evolução das espécies? Jesus não é mais que um punhado de pó no devir do mundo e da humanidade". A resposta que lhe dei a desconcertou: "Tu assististe a um concerto de um grupo de rock. Segundo me disseram estiveram nele uns 7 mil jovens. Diz-me se havia 7 mil corpos ou se o corpo de teu noivo concentrava o mundo". Pensamos a partir do universal, consideramos como real o que é universalizável; mas o judeu-cristianismo pensa que o concreto contém o universal. Sua chave é o amor, e seu segredo é pensar a partir da liberdade do amor de Deus, que se manifesta como absoluto no histórico contingente.

Não existe problema em pensar que Jesus é mestre de humanidade e uma elevada realização do homem. Mas dizer que é o enviado de Deus para transmitir a palavra de Deus e chegarmos a ser assim, pessoas em plenitude...

Não existe problema em aderirmos a sua causa, o primado da pessoa sobre a lei, a promoção dos desfavorecidos, purificar a experiência religiosa de seu formalismo. Mas aceitar que sua morte é redentora, e que não existe salvação sem ele...

Não existe problema em afirmar que em Jesus se manifestou luminosamente o divino, como em Buda ou em Sankara. Cabe inclusive aceitar que Jesus é um avatar de Deus, como Krishna. Mas adorar esse judeu como o Filho eterno e pessoal de Deus, de tal modo que só ele é a encarnação viva de Deus...

Não existe problema em aceitar que Jesus alcançou a união com a Divindade até conseguir uma existência que transcende o espaço e o tempo. Mas crer que estava morto e sepultado e que Deus o ressuscitou e lhe deu sua própria glória divina, de tal modo que é o Senhor da história, meu Senhor, isto é, que eu entrego minha vida a ele, o Filho de uma boa aldeã de Nazaré, agora, no século XXI, afirmando que está vivo e que veio a meu encontro...

Por isso, de Jesus se apropriam todas as sabedorias humanistas e religiosas; mas todos procuram a mesma coisa, reduzi-lo a símbolo de nossos sonhos e ideais. A fé não faz de Jesus um símbolo. A fé é adesão e pertença, que concentra toda sabedoria e todo amor nele, todo sentido da existência e toda realidade nele.

Na história do cristianismo, infelizmente, essa concentração em Jesus, "caminho, verdade e vida", serviu para desqualificar outros mestres humanistas e religiosos. O que é injusto e, além disso, implica pensar pouco e mal de Deus. Deus Pai é mais que Jesus, e seus caminhos para conduzir-nos a ele são incontáveis; mas só Jesus é a revelação definitiva de Deus; e mais, todos os outros caminhos derivam de Jesus, mesmo que não tenham relação explícita com ele e mesmo que seja rechaçado. Evidentemente, eu o sei pela fé e pelo testemunho do Novo Testamento.

3. A fé cristã oferece uma Igreja

"Com a Igreja temos dificuldade", dirá mais de um. Sou consciente da problemática atual de crentes e não-crentes sobre a Igreja. A isso dedicaremos a parte XX deste livro. Mas aqui será necessário assinalar o dom que é a Igreja, se se quiser saber o que a fé cristã oferece.

Da Igreja apostólica recebi a Boa Notícia. Ela me contou a história da salvação, quem é o Deus de Moisés e dos profetas, o Pai de Jesus... Deixou-me a Bíblia para que nunca me esqueça dessa história de amor, sem a qual estaria à mercê da morte e do desespero.

Com a Igreja, celebro a Eucaristia. Que acontece que para tantos crentes seja só uma obrigação semanal ou um rito social, ligado a certas festas ou a funerais! Pela Eucaristia, sei quão realista é minha fé:

- Que o corpo entregue e o sangue derramado não são uma recordação, mas Presença, e além disso comida e bebida.

- Que a nova humanidade é possível, apesar de tudo, pois à Eucaristia vamos com o que somos (preocupações, misérias, pecado, medos), mas ele nos une com um amor que vence a morte e o pecado. Não muda nada, e tudo é distinto.

Muitas vezes penso que, se uma pessoa não crente escuta e vê o que dizemos e fazemos na Eucaristia, diz que estamos loucos. E tem razão, porque o que está louco é meu Deus, que continua se dando sempre e de maneira inesgotável. Que acontece com Deus? Leio a Bíblia, celebro-o na Igreja, e efetivamente que é que se passa com Deus, que não cabe em si mesmo?

Estou justificando o não justificável da Igreja? De nenhum modo. O que acontece é que o que se passa comigo na Igreja é tão grande e tão inaudito que me ultrapassa. Continua me admirando e surpreendendo a cada dia como estas riquezas permanecem e coexistem com uma organização autoritária e machista, com a conivência com o poder, com o abuso de poder nas consciências...

Com os anos, pude contornar o escândalo que me produzia a Igreja. Por que Jesus escolheu discípulos tão torpes, ambiciosos, covardes? A resposta me parece uma doação da humanidade e da fé: porque, através dessa Igreja, não outra, Deus me revela que tal é seu modo de amar, gratuito e incondicional. E o afirmarei de maneira brusca: quando me escandaliza a Igreja, me escandaliza o amor de Deus.

4. A fé cristã oferece a salvação

A imagem que da pessoa humana se faz o cristianismo é de máximo realismo. Por um lado, se compraz em suas capacidades para dominar a natureza (ciência e técnica), em sua amplitude de pensamento até o infinito, em seu desejo de transcendência, em sua conquista progressiva de uma ética da igualdade e da solidariedade, em sua liberdade e sua dignidade... Por outro lado, quanta miséria! Liberdade escravizada pelo egocentrismo radical, incapacidade para o conhecimento real de Deus, necessidade de dominar o outro, sentido como ameaça, medo da morte, ética sempre condicionada pelo interesse... Quão próximas sempre a grandeza e a miséria do homem! Sobretudo, impossível autoplenitude.

Para o cristão é evidente a necessidade de que a salvação venha de fora. Desde o momento em que conhecemos quem é aquele que nos salva e como o fez, não sentimos essa necessidade como humilhante. Salvou-nos fazendo-se um de nós, experimentando nossa mesma condição humana. Descobrir nossa verdade e sentir-nos amados a um mesmo tempo nos faz viver a salvação com agradecimento prazeroso.

A salvação abrange duas dimensões:

- Pela primeira, Deus em Cristo nos possibilita libertação e desenvolvimento do que nossas capacidades não alcançam. São tantas: paz transpsicológica, perdão dos pecados, experiência do amor incondicional, fundamentação de sentido, capacidade para amar, iluminação sobre a verdade do homem, novo conhecimento de Deus, libertação da morte...

- Nunca teríamos sonhado a segunda: que Deus nos eleva até nos dar sua própria vida divina. Autorrealização enquanto cristificação. Liberdade enquanto filiação. Amor enquanto comunhão do Pai e do Filho. Somos criaturas e participamos da glória de Cristo ressuscitado. Nossa salvação é vida de Deus em Deus. Quem é esse Deus que faz tais coisas?

O estranho (para muitos escandaloso) é que tal salvação não satisfaz nossos desejos infantis de poder e de felicidade imediata. Acontece a nós e contra nós. Pede-nos entrega livre; mas é obra sua, somente sua. É real, mas só se percebe mediante a fé, a esperança e o amor. Israel (todos nós) esperava uma salvação na medida de suas fantasias. Chegou na medida de Deus: o amor crucificado, a ressurreição e o dom do Espírito Santo. Por que nos parece tão pouco?

5. A fé cristã oferece sabedoria

A sabedoria se refere ao modo de viver a existência. Assinalarei alguns traços significativos da sabedoria cristã:

a) Agradecimento humilde e prazeroso, sentimento fundante, fonte permanente do coração.

b) Lucidez: o que importa não é o que se faz, nem mesmo como, mas desde onde. Por isso, a vida cristã não consiste nem em oração, nem em ação, nem em paixão, mas em crer, esperar e amar em obediência à vontade do Pai.

c) Paz. A cada dia o cristão a estreia ao se sentir amado pela graça e poder se abandonar confiantemente nas mãos de Deus. Enquanto procura controlar a existência, perde-a. A cada dia o maravilha como essa paz se ajusta com a perturbação psicológica e as tendências egocêntricas.

d) O cristão vive de dentro para fora e sabe que o segredo está na relação com Deus, que não necessita de tempos nem de lugares especiais. Cultiva essa relação como vida que lhe dá vida, vida que o transforma e o faz estar na existência com olhos novos.

e) Sem amor tudo é nada: nem as experiências espirituais mais elevadas nem a generosidade ética mais heroica.

Existem órgãos especiais para perceber o essencial do amor. Mas em nenhum momento esquece que é dom de Deus.

f) Não tem explicação para o que acontece; mas não o pode negar:

- Cada vez mais se vê pecador e cada vez mais tem paz.

- Cada vez mais é responsável e cada vez menos necessita controlar a existência.

- Cada vez mais é livre e cada vez menos possui a si mesmo.

- Cada vez mais é lúcido sobre a condição humana e cada vez mais é criança.

g) Conhecimento interior da Bíblia. Que Deus descobre nela! Os Evangelhos se lhe mostram inesgotáveis. A pessoa de Jesus, dom dos dons do Pai... Um livro tão antigo e tão atual, sempre novo. Agora sabe que a Bíblia é realmente palavra de Deus e que sua luz é única, enquanto se entrega a ela em obediência de fé.

h) A Igreja, que antes lhe criava tantos conflitos, agora se lhe tornou âmbito privilegiado para ser ele mesmo. Não perdeu sentido crítico; mas os conflitos, finalmente, estão ressituados, e o que antes era-lhe uma barreira agora se lhe abre como caminho.

Especialmente, quando celebra a Eucaristia, o mais pessoal ele o sente enraizado, vivificado pela Igreja. É que já não vive de si, mas do Dom celebrado e acreditado na Igreja.

6. A fé cristã oferece uma ética

É conduta e mais que conduta. Bastaria ler Mt 5–7, o famoso "Sermão da Montanha".

A ética cristã se inspira diretamente na pessoa de Jesus. Antes que lei, é um estilo de ser e de agir. As bem-aventuranças do Evangelho de Mateus o descrevem. Quem as vive é Jesus:

- Espírito de pobreza e abandono de fé, em uma pessoa.

- Opção pela não-violência, mas sem inibição alguma.

- Pacífico, mas implicado com obras e com sofrimento.

- Limpo de coração e lúcido, ao mesmo tempo.

- Esperança que luta e esperança que não depende dos resultados.

A ética cristã se caracteriza pela dinâmica do *mais*. Em alguns suscita vontade ideal de perfeição. Em outros, levanta suspeita. Como se pode mandar que sejamos perfeitos como Deus? Não obstante, a ética do mais não se alimenta de voluntarismo. É chamado. Que é a ética quando é chamado?

- Não se fundamenta no próprio esforço, mas implica uma decisão que compromete a pessoa inteira.

- Requer sabedoria para manter o ideal e para respeitar o processo de transformação pessoal.

Na ética cristã, existem referências cruciais:

- Amor preferencial e opção pelos últimos.

- Vigiar o olhar para o próximo, quando nós tendemos a julgar e condenar.

- Reivindicar a justiça, mas saber que a transformação do coração está na capacidade de perdoar e de amar gratuitamente, no estilo de Deus.

- No material, primado de Deus, não assegurar a existência.

Na ética cristã, a ênfase é colocada nas atitudes, mas tendo muito claro que não brotam de boas intenções, ainda que adquiram formas espirituais. O critério de verdade é a realização efetiva do bem agir.

A ética cristã assume a tradição dos dez mandamentos do Antigo Testamento, mas se inspira em Jesus, que os concentrou no amor a Deus e ao próximo. Hoje necessitamos relê-los em seu fundo humanista; mas necessitamos especialmente que a luz do coração nos guie a cada dia no trabalho e na convivência.

7. A fé cristã oferece uma missão

Poderíamos porventura ocultar a Boa Notícia debaixo de um alqueire? O que recebemos gratuitamente temos de dá-lo gratuitamente. "Ai de mim se não evangelizar!", dizia São Paulo.

Para muitos cristãos e cristãs custa entender que o dom da fé não nos pertence e que fomos escolhidos para levar esse dom aos outros. Não é uma causa o que levamos adiante, embora seja a melhor de todas. É um serviço de amor. Acreditar que somos superiores aos outros seria desvirtuá-lo na própria raiz.

Quando a oferecemos, temos de ter claro:

- Que a pessoa está acima da fé, e que a missão, portanto, começa por discernir qual é o caminho do outro, que talvez não seja o meu.

- Que minha missão consiste, nuclearmente, em dar passagem ao Senhor, e por isso em ser fiel à Palavra que me foi atribuída.

É normal que muitos não cristãos, quando ouvem falar de missão, se sintam invadidos, ameaçados por uma mensagem que não escolheram. O que exige maior discernimento de nós, os enviados:

- Respeitar a autonomia do outro.

- Mas saber que é Deus, não eu, aquele que oferece a Boa-Nova de Jesus.

- O quando e o como dependerá do processo de busca e de experiência do outro.

Através da missão se realiza o Reino, o senhorio do Ressuscitado. Para isso, a referência essencial temo-la na missão realizada por Jesus, tal como no-la descrevem os Evangelhos.

A Galileia representou a realização do Reino como fora anunciado pelos profetas. Expulsar demônios, curar enfermos, perdoar pecados, libertar da lei, promover uma nova humanidade, mostrar o amor do Pai, chamar à fé, promulgar a ética correspondente, tudo isso entrava no mesmo lote, a vontade criadora e salvadora do Pai.

A comunidade cristã não deverá esquecê-lo nunca: a missão evangelizadora implica a libertação integral; humanizar e suscitar a fé em Jesus, Messias e Senhor, seguem na mesma mão. A missão cristã é espiritual e material, particular e pública ao mesmo tempo.

Não obstante, nem mesmo deve esquecer que o estilo messiânico de Jesus foi desconcertante. Respondia ao desejo, às aspirações de plenitude de Israel (em Israel estamos todos nós), mas não implantou um governo teocrático que garantisse a solução dos problemas humanos. O Reino não chegou suprimindo a condição humana.

Em pouco tempo, a recusa do messianismo de Jesus obrigou o Mestre a um giro radical: o Reino ia chegar através do sofrimento, do amor redentor, que assumia o fracasso e o pecado.

A missão cristã tem de percorrer as duas fases: a dos sinais de eficácia salvadora (Galileia) e a da entrega sacrificada sem eficácia aparente (Jerusalém).

8. A fé cristã oferece esperança

A esperança cristã é peculiar.

Não é uma esperança no vazio, tem motivos e sinais que a apoiam. Os sinais foram descritos acima, no ponto 4, quando falamos da salvação realizada.

A esperança cristã visa ao futuro. Tem certezas que nascem da fé:

- Que Deus conduz e conduzirá a história para a plenitude, mesmo que seja do seu modo.

- Que nada está perdido (nenhum sofrimento, nenhuma injustiça, nenhum sem sentido), pois está guardado no coração do Pai e tem como referência Jesus crucificado.

- Que ressuscitaremos com nosso corpo para a vida eterna, por Jesus e com Jesus, para ser felizes em comunhão com Deus, face a face.

- Que o juízo definitivo de Deus, no final dos tempos, nos revelará seus admiráveis desígnios de salvação sobre cada um e a humanidade inteira, que sua justiça dará a cada um o seu e que sua misericórdia brilhará com luz imortal.

Existe alguém que dê mais? Que Deus possuímos nós!

***

Entendo que as páginas desta parte superem os leitores que estão buscando e se fazem perguntas que têm a ver, quase sempre, com dificuldades para crer de maneira plena. Não importa. Toda busca necessita de um horizonte. E minha experiência de cristão me diz que a maioria dos crentes e não crentes não tem muita ideia do cristianismo.

VIII – É POSSÍVEL CONHECER DEUS?

24. Por que as pessoas acreditam em algo que não foi demonstrado?

Penélope, mulher de 30 a 45 anos.

Não sei, Penélope, se esperas que eu te demonstre a existência de Deus. Desde já me adianto a te dizer que não é possível. Vou ser direto: se se demonstrasse cientificamente a existência de Deus, não seria Deus. Quando Gagarin, o primeiro astronauta, disse que no espaço não havia visto Deus, demonstrou sua estreiteza de pensamento.

Para demonstrar a existência de algo ou de alguém não visível, o que fazemos é fabricar e utilizar instrumentos que prolonguem nossa capacidade normal de os detectar. A demonstração requer o espaço e o tempo, pois nenhuma realidade pode ser verificada se não entra em tais coordenadas. Assim funciona a ciência. Demonstra-se a existência das moléculas porque fabricamos instrumentos que as podem verificar, mesmo que não as vejamos com nossos olhos.

Pois bem, podes verificar a beleza de uma obra de arte? Pode-se verificar a longitude de onda e a frequência dos sons do concerto para clarinete de Mozart, mas sua beleza, sendo real, não tem espaço nem tempo. Deus, por definição, não tem nem espaço nem tempo; por isso nunca poderá ser demonstrado.

Alguns crentes recorrem ao esquema científico de "antecedente e consequente". Segundo progredimos no conhecimento da origem do mundo, vem um momento no qual o antecedente primeiro é o *big bang*. A lógica exige que também este tenha seu próprio antecedente, Deus, primeira causa, princípio sem princípio. Mas o argumento é falaz. Porque se Deus fosse o antecedente do *big bang* pertenceria à mesma ordem de realidade que o *big bang*; não seria Deus; no máximo, seria o primeiro arquiteto do mundo. O princípio sem princípio não é antecedente, simplesmente porque não é o primeiro fenômeno que explica o segundo. A criação não é antecedente de um consequente, mas o ato de Deus que transcende absolutamente o espaço e o tempo. Cria o espaço e o tempo, e por isso está além da relação de antecedente e consequente.

Então, a existência de Deus é só uma crença subjetiva, sem base racional? Não. É preciso descobrir uma racionalidade distinta da científica. Qual? A filosófica, a que pode pensar a realidade sem espaço nem tempo. O difícil, bem sei, Penélope, é pensar assim. Nós imaginamos o ato criador de Deus, e enquanto o imaginamos entram o espaço e o tempo, com os quais bloqueamos o pensamento que transcende o espaço e o tempo.

Se o ato criador de Deus transcende o espaço e o tempo, muito mais o próprio Deus!

Prescindamos da explicação da origem do universo. Formulemos um pensamento mais radical: por que existe o ser e não o nada? A pergunta é racional; mas pressupõe a percepção da realidade "transcendentalmente"; isto é, por referência ao ser, não ao modo no qual se manifesta. Se a existência do mundo nos parece eterna e absoluta, não existe Deus. Mas se a existência do mundo é contingente, isto é, não tem razão absoluta de ser, então a razão se vê obrigada a postular um fundamento absoluto, não contingente, de ser. Eu disse que a razão *postula*, não demonstra. Que é postular? Que nossa razão se move por princípios, sem os quais a realidade se lhe torna ininteligível. Também as ciências postulam que um fenômeno tem de ter um antecedente que o explique. Em consequência, a existência do mundo seria ininteligível sem Deus? Tudo depende da radicalidade do pensamento. Nem todos alcançam um pensamento "transcendental".

Digamos, ao menos, com coerência racional, sem apelar para a fé, que a afirmação da existência de Deus não é irracional, embora não seja científica. Poderíamos dizer que é mais que razoável para o pensamento filosófico radical?

Não obstante, Penélope, dirás com toda razão que um postulado racional não move ninguém a buscar esse Deus invisível, absoluto e transcendente.

Com efeito, as religiões nasceram por outro caminho, o da experiência de uma Presença, do que alguns pensadores chamaram o encontro com "o sagrado". Em que consiste essa experiência?

É preciso fazer um rodeio: pessoas que percebem que seu ser está sustentado além de si, em um Tu que sentem como fundamento absoluto da realidade. Esta experiência é prévia a todo raciocínio e se manifesta como vida transformante. Alguns a formulam como Deus pessoal, outros como Energia primordial, outros como Ser inominável.

Os ateus buscam uma explicação racional para tal experiência: desamparo existencial, fantasia infantil de onipotência... Mas os que a têm nunca se sentem identificados com semelhantes explicações. Mais ainda, tais pessoas têm uma capacidade de viver o humano que é o contrário do que as explicações racionais postulam.

Entre meus 19 e 20 anos, quando tive uma crise grave de fé, motivada pela filosofia, me recordava de minha mãe: "Sim, tenho todos os argumentos para negar a existência de Deus, menos um, o real que é Deus para minha mãe". E para ela Deus não era uma crença ideológica, mas Alguém vivo.

É preciso apelar a um tipo de pensamento que não pode ser racionalizado para mostrar que a experiência religiosa é tão originária como a científica ou a filosófica. A ninguém ocorre discutir que o momento no qual percebo o outro como significativo para mim é perfeitamente real, embora não possa ser objetivado científica nem filosoficamente. É coisa curiosa que todas as experiências que dão sentido à vida são reais mas não pertencem à racionalidade do demonstrável. Que o outro tenha dignidade inviolável de pessoa é percepção real, mas não o posso demonstrar.

Agora vem a resposta em forma de pergunta implicativa: a percepção de tal Presença é objetivamente neutra ou requer uma atitude pessoal de abertura ao Mistério, ao não controlável?

O livro bíblico da Sabedoria, no seu capítulo 1, diz o seguinte:

Amai a justiça, vós que governais a terra, tende para com o Senhor sentimentos perfeitos, e procurai-o na simplicidade do coração,

porque ele é encontrado pelos que não o tentam, e se revela aos que não lhe recusam sua confiança;

com efeito, os pensamentos tortuosos afastam de Deus, e o seu poder, posto à prova, triunfa dos insensatos.
(Sb 1,1-3)

Não me passa pela cabeça, Penélope, que os que não acreditam em Deus sejam maus, orgulhosos, autossuficientes. Tenho amigos e amigas, excelentes pessoas, que por diversos motivos não acreditam em Deus. O texto bíblico nos diz que não há conhecimento real de Deus sem nos implicarmos pessoalmente na busca. Deus é uma realidade que tem a ver com o sentido da existência. Buscar em Deus uma explicação do mundo não é o melhor caminho para encontrá-lo. Querer demonstrar cientificamente sua existência pode ser o melhor caminho para se tornar ateu.

Um livro como este se presta a alimentar este equívoco: primeiro é preciso demonstrar a existência de Deus; depois, como se chega a ter a experiência de Deus; entretanto, para ter tal experiência, é preciso esclarecer dúvidas e superar dificuldades... Como se o encontro com Deus fosse fruto de um processo que nós controlamos. O título do livro sugere esse caminho. Esclarecemos isso no epílogo. Adianto-me a dizer que a experiência religiosa normalmente requer um processo prévio, consciente ou inconsciente, mas não processual. Muitas pessoas a têm quando menos a esperam e sem passagens que a preparem. O que não quer dizer que seja arbitrária. É *originária*, não deriva de algo anterior, e menos ainda de um processo de racionalização.

25. Em umas palestras sobre religião, ouvi que não se demonstra Deus, porque ele se mostra. Não entendi.

Antonia, mulher de 42 anos.

Não é fácil entender, Antonia, que Deus se mostra. É preciso ter experimentado quão real ele é. Mas, se nossa experiência do real é só o que podemos comprovar fisicamente, nesse caso é impossível.

A filosofia, já vimos isto na pergunta anterior, vislumbra o real metafisicamente, mais para além do espaço e do tempo, mas é algo tão abstrato, tão elaborado mentalmente, que verdadeiramente não interessa.

O caminho da experiência religiosa se apresenta como experiência real, como Presença misteriosa que tem a ver com o íntimo da pessoa. É preciso fazer um processo de experiência, e *a posteriori* se comprova que força de verdade e de libertação contém. Poderíamos falar aqui que Deus se mostra e que não é fruto de uma conquista a partir de nós mesmos. Nesse ponto, revelação de Deus e iluminação interior se inter-relacionam.

Porém imagino, Antonia, que o conferencista que ouviste era um cristão. Para mim, que também o sou, esse caminho é o mais direto. Deus, totalmente Outro, que habita na luz inacessível, quis revelar-se em uma história particular, a de Israel e a de Jesus, fazendo-se maximamente tu para mim. Repara nesse matiz: não se trata da experiência religiosa de "revelação" do Mistério, mas de acontecimentos históricos, nos quais Deus intervém pessoalmente e se coloca livremente em relação conosco, porque quer fazer uma história de amor, e para isso escolhe os que ele quer. Só no judeu-cristianismo se fala, estritamente, de revelação histórica de Deus.

Já vês, Antonia, é coisa de loucos. O caminho filosófico é plausível se se radicaliza o pensamento e se alcança pensar "transcendentalmente". O caminho religioso é plausível se o Divino toca o coração humano em sua abertura radical ao Absoluto. Mas fazer a hipótese de que a Deus, o absolutamente outro, se lhe tenha ocorrido vir à nossa história humana, ali no Oriente Próximo, e chamar Abraão e Moisés, e comprometer-se com amor de aliança com Israel, e que, no fim dos séculos, nos tenha enviado seu Filho para realizar seu plano de salvação sobre a humanidade, e que em sua morte trágica se coloque em jogo o destino de cada um e de todos os homens e mulheres, e que o tenha ressuscitado dentre os mortos para ser o Senhor da história...

Mas assim o judeu-cristianismo deu razão de si, a partir de uma história determinada, que depende totalmente da liberdade soberana de Deus. Se tu descartas esta história como ilusão, a fé cristã não tem identidade própria. Se aceitas a possibilidade de que seja real, só poderás por tua vez comprová-lo se fizeres a aventura de ver e escutar o que ocorreu na Palestina, e mais em concreto se te aproximares dessa pessoa que se chama Jesus de Nazaré.

Uma observação importante: esta história em que Deus decide se mostrar tem como pressuposto a experiência religiosa, que a existência humana se fundamenta mais além de si, diante do Absoluto. Tal é o subsolo da fé judeu-cristã. Mas a fonte de sua identidade, como dissemos, advém por vontade misericordiosa de Deus. Este toma a iniciativa em um tempo e um espaço particulares. Não se discute com a liberdade do amor de Deus entregando-se a nós.

Agora podes entender, Antonia, o que contamos na parte VII ("Que oferece a fé cristã").

Que consequências traz essa história para as religiões, e para o humanismo, e inclusive para a filosofia, disso trataremos mais tarde. Mas é preciso partir sempre de que o cristianismo não nega a experiência religiosa humana. Ao invés: pressupõe-na como plataforma. Deus se mostra historicamente porque, antes, a pessoa é capaz de relacionar-se com ele e escutá-lo quando Deus quer dirigir-lhe sua Palavra.

26. Por que se relaciona Deus com a figura masculina?

Jorge, homem de 46 anos.

Suponho, Jorge, que te referes ao Deus judeu-cristão de nossa cultura, visto que existem religiões nas quais a figura primordial é feminina. Está claro, Deus tem figura masculina porque a Bíblia nasce em uma cultura patriarcal.

Sem tirar um ápice do que acabo de formular, deixa-me fazer-te algumas pontualizações.

Em primeiro lugar, o Deus da Bíblia, diferentemente de todas as religiões de seu contexto sociocultural, não tem sexo. O que é inaudito. Mais ainda, no Antigo Testamento Deus proíbe fazer imagens dele. Está em jogo sua transcendência: ele não é feito à nossa imagem e semelhança.

Esse paradoxo me obriga a me fazer esta pergunta: que sentido pode ter um Deus sem sexo cuja linguagem primordial seja patriarcal? A psicologia do inconsciente nos diz que as imagens afetivas têm um conteúdo principalmente simbólico e relacional. Pai, em consequência, não seria uma imagem sexista, oposta a mãe, e sim um símbolo que procura expressar a relação com alguém que tem autoridade e nos dá a vida. De fato, ainda hoje, em nossa cultura, não é a mesma coisa chamar a alguém mãe ou pai. "Mãe" expressa confiança radical, segurança sem ameaça, relação afetiva sem conflito. "Pai" exprime amor incondicional, mas que estabelece limites. Implica a integração positiva de amor e conflito na relação interpessoal.

Se deixamos de lado a perspectiva sexista, não é problema chamar primordialmente a Deus "Pai", como o fez Jesus. Contudo, a tentativa do feminismo de incorporar à relação com Deus a imagem materna me parece legítima e necessária.

27. Um amigo me disse que se encontrou com Deus. É uma pessoa muito normal, não está louca; mas não sabe explicá-lo. Poderias tu explicar-me o que isso significa?

Domingo, homem de 34 anos.

Podes tu, Domingo, explicar a um cego as cores, ou a alguém que nunca se enamorou o que é o namoro?

Usamos as mesmas palavras para realidades muito diferentes. Ontem te encontraste com um amigo. A Deus não se encontra de igual maneira; mas é a melhor palavra para dizer que estiveste com um tu vivo. Suponho, além do mais, que a experiência de teu amigo foi inesperada, imprevisível. A mim me ocorreu da mesma forma, com Deus, aos 22 anos.

Às vezes é algo pontual, que ocorre em uns segundos e desaparece. Outras vezes te muda a vida inteira e se traduz a ti em uma relação que permanece.

Custa entendê-lo, porque procuramos imaginar o encontro com Deus como uma experiência semelhante às que conhecemos. Não esqueças, Domingo, que a experiência, enquanto sentimento, é secundária; o importante se dá na relação; ele é percebido mediante a fé. A experiência é variável; permanece sempre a certeza interior de que ele é real.

Como é possível? Vais estranhar o que vou te dizer: Deus quer e pode comunicar-se conosco pessoalmente. Tu o vais negar porque nunca te encontraste com ele? Negar a possibilidade seria um preconceito, o típico de uma mentalidade que só considera real o que pode ser verificado cientificamente.

Uma advertência: a ti não cabe propores como ele vai vir ao teu encontro. Tu confias. Tu te atreverias a rezar como Charles de Foucauld: "Senhor, se tu existes, revela-te a mim"?

IX – DEUS INTERVÉM?

28. Em uma cultura científica não se pode recorrer à intervenção de Deus para explicar o que acontece. Por que a fé fala de "providência"?

Enrique, homem de 30 anos.

Comecemos, Enrique, por explicar o conceito de "providência", pois suponho que muitas pessoas não terão uma ideia clara. Segundo o dicionário, "providência é a previsão e o cuidado que Deus tem de suas criaturas; pressupõe que Deus é considerado como governante do mundo". Conceito tipicamente judeu-cristão.

Que Deus governe o mundo é uma ideia intervencionista de Deus, que parece se opor à ciência. Esta avançou, cabalmente, prescindindo da intervenção de um poder sobrenatural. Os fenômenos se explicam sem Deus.

Para muitos crentes se torna difícil integrar a ciência e a fé. Para isso buscam distintas soluções:

- *Deus intervém no espiritual,* não no material. A consequência é a dissociação entre o material e o espiritual. Em minha opinião, o remédio é pior que a enfermidade: porque se Deus intervém no espiritual onde fica a liberdade (pergunta seguinte)?

- *Deus não intervém.* Só dá sentido transcendente ao que tem explicação imanente, sem recorrer a forças superiores.

Em cujo caso não existe história real da salvação, mas só interpretação religiosa da história. Deísmo camuflado: Deus seria o primeiro relojoeiro, que coloca em marcha o mundo e o deixa à mercê de nossa responsabilidade.

- *Deus intervém em tudo e sempre,* de modo que nossa atividade responsável só é instrumento para seus planos.

Objeção: que consistência de verdade tem, em consequência, a interpretação científica da realidade e nossa liberdade?

Este tema é delicado e requer um desenvolvimento que não é possível neste livro. Assim pois, Enrique, vou centrar-me em formular as teses centrais. Tem em consideração que as teses podem parecer contraditórias; mas se iluminam complementarmente. Nascem de minha própria busca de síntese entre ciência, fé e pensamento filosófico.

Primeira tese: *Deus não explica nada*.

Refiro-me à causalidade da qual trata a ciência, a dos fenômenos, seguindo o esquema "antecedente-consequente". A causalidade de Deus, por definição, pertence à ordem não fenomênica, mais além dos parâmetros do espaço e do tempo.

Por infelicidade, muitos crentes não se resignam a que Deus não possa ser provado como uma causa entre as causas. Não se dão conta de que se Deus explicasse um fenômeno seria objetivável, não seria Deus. Deus não explica que chova, chove porque... (a explicação quem a dá é a meteorologia).

Autonomia da explicação científica, sem restrição nenhuma. Transcendência absoluta de Deus.

Segunda tese: *Deus dá sentido a tudo*.

Repara, Enrique, na virada que damos à perspectiva: passamos da explicação causal para o sentido. Como é óbvio, Deus dá sentido a tudo para um crente. Para o não crente, não existe sentido, mas azar, ou no máximo sorte.

Ter-me encontrado com a mulher de minha vida pode ser explicado pelas circunstâncias; mas o sentido de tal encontro não pertence à ordem explicativa, mas a como e desde onde percebo e releio a realidade.

Em uma cosmovisão religiosa, em vez de *sentido* se fala de *providência*, de intervenção de Deus. A mudança de perspectiva pertence à nossa cultura antropocêntrica e secular. Alguns crentes sentem a virada como uma negação da fé na ação de Deus. Para mim me esclarece, uma vez mais, que a intervenção de Deus tem a ver com o sentido último da realidade, não com o verificável e controlável.

Em um acidente de automóvel, no qual se sai ileso:

- O crente dá graças a Deus; mas deixa a explicação para o mecânico especialista.

- Também o não-crente fala de "boa sorte", deixando a explicação ao especialista.

Em ambos os casos, crente e não crente vivem o ter saído ilesos como experiência de sentido.

Terceira tese: *Deus age e conduz toda a realidade.*

Se falássemos só de sentido, não haveria intervenção de Deus. Por isso, não existe fé judeu-cristã se Deus não é o Senhor de tudo, criador e salvador. Quando Jesus diz que "até os cabelos de vossa cabeça estão todos contados" (Mt 10,30), não está explicando a calvície; está expressando como percebe a realidade inteira sob o senhorio da Providência.

Uma intervenção de Deus desse tipo é própria de Deus enquanto Deus, isto é, metafísica, transcendental. Deus não é uma causa (a última) entre as causas, mas a causa absoluta de todas as causas. Atua em tudo mais além de tudo. Por isso respeita a causalidade de todas as suas criaturas segundo seus dinamismos próprios, sem interferir nela; mas não seria a realidade absoluta de todo o real se não fosse real no ser e no agir.

Esse pensamento supõe que percebo a realidade em dois níveis simultaneamente: no espaço e no tempo, que posso verificar; a partir de Deus, com os olhos da fé. A fé tem a ver com outra dimensão da realidade, a própria da presença e da ação de Deus.

Quarta tese: *a intervenção de Deus é inobjetivável.*

As reflexões anteriores estão pedindo um pensamento capaz de deixar de lado a imaginação. Enquanto falamos de intervenção, imaginamos Deus como uma pessoa onipotente que age no espaço e no tempo, com causalidade própria, distinta da de suas criaturas, que com sua onipotência impõe sua ação à nossa. Aqui está a armadilha: Deus não substitui, mas atua possibilitando nossa ação. Por isso, sua ação é criadora e sustentadora.

Que a ação de Deus não seja objetivável quer dizer que, pela fé, percebemos sua ação em tudo, mas não podemos saber o como.

Um exemplo: pode-se pedir a Deus que chova quando se sofre uma seca? Por certo que sim:

- A explicação causal é a meteorologia que a dá.

- A fé percebe que Deus atuou e dá graças por isso.

- Mas a mesma fé impede que saibamos como.

Falar do como seria voltar à intervenção espaçotemporal controlável. Se nós pudéssemos perceber a causalidade de Deus em si mesma, teríamos percepção imediata de Deus. Justamente, a fé consiste em ter relação imediata com Deus através, sempre, de mediações. Nem mesmo os místicos percebem Deus sem mediações.

Já sei, Enrique, que me deixei ir demasiadamente longe nesta resposta; mas era necessário sugerir a diferença entre fé e não-fé no tema da intervenção de Deus. Advirto que não estou provando racionalmente nada; mas reconhecerás que a fé manifesta uma coerência racional que respeita o conhecimento científico e o transcende.

Quinta tese: *existe uma intervenção salvífica de Deus.*

Uma intervenção que pertence de maneira exclusiva à autocomunicação livre e amorosa que Deus faz de si mesmo ao homem.

Esta intervenção não está na estrutura universal da relação entre Deus criador e suas criaturas. Tem uma ordem própria de inteligibilidade, que Deus mesmo estabelece. Diremos algo nas respostas às perguntas 29 e 30 que vêm a seguir.

29. Aceitar um Ser Superior não limita a liberdade?

Milagros, mulher de 27 anos.

À luz das teses formuladas no texto anterior, espero que o leitor encontre caminho de resposta. Apesar de tudo, será conveniente esclarecer os mal-entendidos que existem na pergunta.

O *primeiro mal-entendido* vem de pressupor que a ação de Deus interfere em nossa liberdade. O Deus que cria a liberdade se opõe à nossa, será nosso rival? Pensa-se, imaginativamente, que o que ele faz eu não o faço. Mas Deus não é um Ente superior junto de mim. Só na ordem do mundo finito se cumpre a lei de ação e reação. Se eu movo a caneta, a caneta é movida.

Inclusive seria preciso dizer que essa lei é própria do mundo inanimado das coisas materiais. Porque, no mundo interpessoal, o mais passivo pode ser o mais ativo. Pensemos na receptividade do amor, na liberdade que se dispõe a dar passagem para o outro.

Segundo mal-entendido: não haverá por trás da pergunta um velho preconceito, que Sartre levou à sua exacerbação: "Se Deus existe, eu não posso ser livre"? Mais que problema filosófico de pensamento, parece problema psicológico, dificuldade de integrar autonomia da pessoa e autoridade de Deus.

Não obstante, na pedagogia da fé, o problema é grave. Como se integra a liberdade de escolha com o fazer a vontade de Deus, da qual fala toda a Bíblia como princípio de realização da pessoa humana?

A chave de resposta, teoricamente, é muito simples: distinguir níveis de liberdade.

- Na adolescência é preciso aprender a escolher. Mas, se confundo a liberdade com a capacidade de escolher, quando não escolho me parecerá que não sou livre. Por isso, existem pessoas incapazes de amar, porque se escolhem outra pessoa já não podem escolher mais ninguém.

- A liberdade se faz autonomia quando uma pessoa consegue ser ela mesma e ser fiel a si mesma. Um alto grau de liberdade, mas que ainda está atado ao eu. Quão fácil é confundir a autonomia com a necessidade de autoafirmação! Neste caso, a autonomia mascara o medo da dependência. Essas pessoas são incapazes de integrar sua liberdade com a autoridade. Logicamente, quando se encontram com a autoridade de Deus, o Senhor, sentem-na como ameaça. Têm sua parte de razão, enquanto o crente, na Bíblia, se caracteriza por sua obediência ao Senhor. Não obstante, na Bíblia, a obediência não é submissão, mas pertença de amor.

Jesus vive em obediência ao Pai, repete-se nos evangelhos. Parece-te que era um criado submisso? Era o Filho, e veio para nos trazer a liberdade ("para a liberdade fostes libertados", diz São Paulo).

- Para entender a liberdade cristã é preciso entender a liberdade que nasce na relação interpessoal do amor. Só na pertença do amor ("sou teu/sou tua") a autonomia é libertada do eu. Imagina, Milagros, a liberdade de alguém que vive sob a iniciativa do amor de Deus!

30. A ideia que se atribuem judeus e cristãos de que "Deus escolhe" me parece inadmissível. Não seria Deus deste modo injusto e arbitrário?

Itziar, mulher de 40 anos.

Para quase todos os não-judeus e não-cristãos, e inclusive para muitos judeus e cristãos, parece-lhes inadmissível a ideia de escolha. Existem muitas razões para isso.

Eu ouvi de um teólogo renomado: "Um pai não escolhe entre seus filhos". Confesso-te, Itziar, que me estranhou que não tivesse mais capacidade para ver o que existe por trás da palavra "escolha", que atravessa toda a Bíblia e tem a ver com a identidade judeu-cristã. Vejamos.

Para começar, na Bíblia a escolha não é exclusiva, mas inclusiva. Deus escolhe Israel para que toda a humanidade contemple seu amor concreto, apaixonado, incondicional. Para uma filosofia do universal, Deus tem de ser neutro, sem preferências. Para a Revelação histórica, o amor de Deus se manifesta e se realiza em uma relação particular, a que a Bíblia chamou "aliança". O pensamento filosófico não pode fazer a hipótese de uma decisão livre de Deus. Mas a Bíblia conta que o caminho do universal, por vontade amorosa de Deus, passa pela escolha. Vê, Itziar, que Israel só chega à fé no Deus criador do mundo depois da experiência histórica do Deus fiel, que liberta seu povo da opressão de outros povos.

Parece-te arbitrário um Deus que não escolhe, precisamente, as nações poderosas (Egito, Mesopotâmia), e sim um povo insignificante? É arbitrário o amor de uma mãe que prefere o filho mais infeliz? Deixará de amar os outros?

Não é porque sois mais numerosos que todos os outros povos que o Senhor se uniu a vós e vos escolheu; ao contrário, sois o menor de todos. Mas o Senhor amavos e quer guardar o juramento que fez a vossos pais. Por isso, a sua mão poderosa tirou-vos da casa da servidão, e libertou-vos do poder do faraó, rei do Egito (Dt 7,7-8).

Outra coisa é que os judeus e os cristãos tenhamos utilizado a eleição como um motivo de superioridade ou nos acreditado com direitos a ser amados por Deus. No Novo Testamento se medita amplamente sobre esse pecado de apropriação.

Dai, pois, frutos de verdadeira penitência. Não digais dentro de vós: Nós temos a Abraão por pai! Pois eu vos digo: Deus é poderoso para suscitar destas pedras filhos a Abraão (Mt 3,8-9).

Creio que a ideia de eleição tem ressonâncias afetivas, que têm pouco a ver com a filosofia do Deus universal.

• *Supõe-se que eu tenho direito a ser amado por Deus.*

O que vou dizer parecerá estranho a mais de uma pessoa, mas é preciso ser muito meditado: "Deus não nos ama porque sejamos seus filhos; somos seus filhos porque nos ama".

Se conheces, Itziar, um verdadeiro judeu ou cristão, sempre te dirá, humilde e agradecido, que o amor de Deus não é um direito, mas sim um presente incrível. E acrescentará: "Ele o deu a mim para os outros". Na Bíblia está bastante claro que todo dom é missão...

• *Supõe-se que a eleição de alguns é sinal e motivo que Deus nos dá para que confiemos em seu amor a todos os outros.*

Que acontece conosco que não aceitamos isso? Não será porque temos inveja dos escolhidos? Não será porque sentimos a ameaça de não sermos escolhidos? Nós não confiamos em Deus nem um fiapo de cabelo e exigimos provas controláveis.

É a isso que se chama *pecado de incredulidade*. É como se o amor de Deus provocasse nossos fundos escuros.

31. Que alguém me explique isso de que "Deus salva".

Arantxa, mulher de 35 a 45 anos.

Frases como essa, da linguagem cristã, criam muitos problemas, inclusive entre crentes. Perguntas-lhes: "Tiveste a experiência de ser salvo?", e permanecem mudos.

Todas as grandes religiões se apresentam como oferta de salvação para os homens, porque todas partem da certeza de que o homem não pode alcançar sua plenitude. A reflexão começa aqui: pode o homem alcançar efetivamente sua plenitude, ou acaba constatando o vazio existencial, para além de todos os seus sucessos materiais, intelectuais e sociais?

Algumas religiões oferecem para salvar o caminho da sabedoria, um processo de autolibertação progressiva até alcançar a iluminação, que liberta do desejo (o nirvana do budismo, por exemplo). A tradição judeu-cristã fala de Deus salvador, que realiza sua história de salvação por etapas. A salvação é favor de Deus. Entram em jogo a liberdade do homem e a iniciativa de Deus, e não se realiza sem conflitos, porque o pecado radical consiste em pretender a autoplenitude sem Deus. O capítulo 3 de Gênesis o descreve admiravelmente, e mais admiravelmente Romanos 7.

Mas não se deve esquecer que essa história, em que Deus tira o homem de sua escravidão, é, simultaneamente, a história em que Deus se autocomunica pessoalmente. Por isso, falamos antes que é uma intervenção especial de Deus, que vai além da providência universal do Deus criador. Não tem razão falar de Deus salvador senão a partir de suas próprias ações, decididas livremente em um espaço e um tempo determinados, isto é, em referência a Israel, Jesus e a Igreja.

Esta história tem características únicas.

1) Deus intervém com acontecimentos realmente salvadores, isto é, que possibilitam que os humanos experimentem que

foram libertados em uma situação sem saída e conheçam uma situação de plenitude não suspeitada. Recordemos o Êxodo e os evangelhos de Jesus.

2) Estas intervenções são iniciativas de Deus, mas não são golpes de uma varinha mágica que solucionem os problemas da condição humana. De fato, passam pelas circunstâncias humanas mais normais e não implantam nenhum paraíso aqui na terra.

3) A iniciativa de Deus conta sempre com pessoas (chamados, enviados, testemunhas) que se colocam à disposição do Deus que salva.

4) A algumas dessas pessoas cumpre transmitir a palavra com a qual Deus mesmo dá sentido ao que faz. A palavra mesma é acontecimento salvador. Sendo de Deus, tal palavra é plenamente humana.

Não prossigo, Arantxa, porque tudo isso é grego para quem não conhece a história da salvação consignada na Bíblia ou a interpreta como simples sabedoria religiosa. Vou repetindo: o judeu-cristianismo tem sua identidade em uma revelação histórica de Deus. Que oferece? Oferece salvação na medida de Deus, o Pai de Jesus, morto e ressuscitado.

X – DEUS PARA QUÊ?

32. Por que todas as culturas buscaram e acreditaram em Deus? Que é que nos falta?

Marta, mulher de 40 a 55 anos.

Não é verdade, Marta, que todas as culturas acreditaram em Deus. A partir do século XIX ocorre um fenômeno novo: a cultura sem Deus, embora dentro dessa cultura haja crentes. Faz algumas décadas dizia-se que as religiões iriam desaparecer, desbancadas pela racionalidade autônoma do homem. Não aconteceu assim. O "fenômeno religioso" continua sendo universal.

Por quê? Tu supões que é porque "nos falta algo". A que te referes tu?

Ser pessoa é estar sempre com falta de alguma coisa. Não vale a pena viver se nos contentamos com qualquer coisa. O triste é que sentimos falta de muitas coisas, mas não sentimos falta de Deus.

- Falta Deus a nós que o conhecemos.

- A maioria dos que não o conhecem se contenta com menos que Deus.

- Alguns, mesmo que não o conheçam, não podem viver com menos que Deus.

A maioria das vezes descobrimos Deus a partir das necessidades; é verdade. Nossa finitude é a plataforma privilegiada para buscar o Absoluto. Mas a fé não é adulta quando Deus supre carências. Ao invés, a fé amadurece quando Deus mesmo é o dom de nossas vidas.

Vou dizer-te de maneira brusca, Marta: precisamente porque Deus não faz falta para nada, é o melhor que temos. Mas acima já o dissemos: "Deus não é necessário porque é mais que necessário". Para vivê-lo assim é preciso um caminho de amadurecimento.

33. Deus é necessário? Não basta a ética?

Mia, mulher de cerca de 25 a 35 anos.

Anteriormente, procurei responder a essa mesma pergunta. Dessa vez usarei uma perspectiva diferente e complementar:

a) *Que contribuição traz Deus para a ética?*

Se nos atemos ao conteúdo das normas, pouco ou nada, pois a "regra de ouro" resume a Lei e os Profetas, segundo Jesus, e não faz referência explícita a Deus: "Tudo o que quereis que os homens vos façam, fazei-o vós a eles. Esta é a Lei e os profetas" (Mt 7,12).

Mas a ética é mais do que conduta. Depende especialmente do espírito, donde se atua. É tão distinto perdoar quando fomos perdoados por Deus ou porque o outro é pessoa com valor incondicional! Basta ler o discurso ético cristão por excelência, o "Sermão da Montanha" (Mt 5–7), para compreender o que Deus acrescenta à ética.

Dever-se-ia fazer outra pergunta: que é a ética, códigos para o comportamento responsável, ou um modo de estar na vida, com Deus e com o próximo?

b) *Que contribuição dá a ética para a fé?*

A Carta de Tiago, capítulo 2, o diz claramente: uma fé sem ética está morta.

A ética faz que a fé seja existência real, não questão simplesmente interior, de boas intenções.

Só quando a ética é amor é que realiza a fé. Que sentido pode ter crer no amor de Deus se não amamos? Tanto assim é que, quando se ama de modo desinteressado, um agnóstico tem a vida de Deus, mesmo que não o saiba. "Todo o que ama é nascido de Deus", diz a Primeira carta de João, no seu capítulo 4,7.

34. Se Deus é terno e todo amor, como dizem atualmente alguns padres, como ajuda?

Mulher de 45 a 55 anos.

Parece-me que sei por onde segue a pergunta; mas creio que está algo confusa. É lógico que se Deus é amor nos ajude, não? A dificuldade está em como é que nos ajuda, pois se não constatamos sua ajuda não nos parece claro que seja amor.

Essa senhora tem razão. Não basta dizer que Deus é amor, tem de ser ajuda efetiva.

Existem dois referenciais a respeito da ajuda de Deus:

- O primeiro e mais importante é a história registrada na Bíblia, especialmente a história de Jesus de Nazaré. Ele é aquele que fez presente e real a ação salvadora de Deus no mundo. A isso se chama "o reino de Deus". Todavia, não resultou tão evidente. Conta-se no evangelho o seguinte:

    Tendo João, em sua prisão, ouvido falar das obras de Cristo, mandou-lhe dizer pelos seus discípulos:
    – Sois vós aquele que deve vir ou devemos esperar por outro? Respondeu-lhes Jesus:
    – Ide e contai a João o que ouvistes e o que vistes: os cegos veem, os coxos andam, os leprosos são limpos, os surdos ouvem, os mortos ressuscitam, o Evangelho é anunciado aos pobres... Bem-aventurado aquele para quem eu não for ocasião de queda! (Mt 11,2-6).

Os fatos estão aí, mas necessitam de luz interior para vê-los como reinado salvador de Deus.

A ajuda/salvação definitiva é a morte de Jesus que nos redime do pecado. Mas que conteúdo real pode ter essa frase? Espero que a senhora compreenda que não é o momento de explicá-lo. Digamos melhor, não se pode entender o quão real é que morreu por nossos pecados e o que isso supõe em nossa vida se não se percorreu todo um caminho de fé.

- O segundo referencial está na vida diária, e os crentes o chamamos "providência de Deus"; isto é, Deus nos ajuda de milhares de maneiras, sem necessidade de milagres. A questão está em que e como nos ajuda.

Se eu lhe peço um dia ensolarado para um fim de semana, e se isso ocorre efetivamente, direi que Deus me ajudou? E se vem um dia chuvoso, que direi eu?

Se lhe peço trabalho para um familiar desempregado, e demora três anos a encontrá-lo, vou atribuí-lo à ajuda de Deus?

Tenho uma filha dependente química, assisto às sessões para familiares e no decorrer dos meses descubro que sou eu que tenho um problema sério comigo mesmo, que me leva pouco a pouco a uma nova proposta de vida e retomo minha fé abandonada; direi que Deus se serviu de minha filha dependente química para me ajudar? Pode haver ajuda mediante algo que não seja bom?

Os exemplos ilustram que nisso de perceber a ajuda de Deus entram em jogo não só os fatos, mas também a capacidade de lhes dar sentido. Os fariseus e letrados percebiam nos milagres de Jesus ações de Beelzebul, e ele afirmava que agia com a força de Deus; uns acreditavam e outros não (cf. Lc 11,14-26).

Nos evangelhos aparecem cenas nas quais a ajuda/salvação suscita a fé; outras nas quais a fé é necessária para que se dê a intervenção de Deus, e outras em que Jesus se queixa de que não acreditam nele se não faz milagres.

35. Outros padres nos apresentam um Deus todo-poderoso, impassível diante do mal do mundo.

A mesma mulher.

Não me estranha que, com frequência, a linguagem dos padres resulte desconcertante. Em que ficamos nós, Deus é bom e ajuda, ou é tão distante e grandioso que não tem nada a ver conosco?

Esta contraposição deixa entender a falsidade de ambas as posições. Para que Deus seja bom, sua ajuda tem de responder a nossos desejos e expectativas? Para que Deus seja todo-poderoso, tem de ser impassível?

A Bíblia nos fala de um Deus todo-poderoso que, sem necessitar de nós, criou o mundo e nós por amor, e que, tendo nós estragado seu plano de felicidade para nós, respeitou nossa liberdade e não nos abandonou, e sim recriou um novo plano para nos salvar. Essa salvação teve diversas etapas; a última foi Jesus. Mas precisamente esta, a expressão máxima de seu amor, foi a mais desconcertante de todas.

- Interveio realmente com Jesus em criar uma nova humanidade, mas não resolveu nossos problemas como nós o teríamos desejado, com uma espécie de varinha mágica onipotente e rápida.

- Para cúmulo, salvou-nos sofrendo conosco a injustiça, a crueldade e a própria morte. Como se tivesse desaparecido sua onipotência.

- Com a ressurreição de Jesus, o Deus todo-poderoso demonstrou que o era; mas, em vez de resolver os problemas da humanidade, deu o Espírito Santo aos que creram nele e convocou um punhado de discípulos, a Igreja, que não eram precisamente os mais virtuosos, nem a elite mais capaz de transformar o mundo.

Não me digas que não é estranho esse Deus da Bíblia! Mas não vês o maravilhoso que é, rompendo nossos esquemas infantis, incapazes de compaginar onipotência e amor, salvação real, mostrando-se maior do que jamais pudéssemos ter pensado?

Evidentemente, um Deus assim só pode ser conhecido e aceito se mantemos uma história de relação com ele e aprendemos a confiar nele. É na relação com Deus que se nos dá luz para compreender como ele atua e superar nossos desconcertos.

36. Deus tem a ver com minha vida diária?

Aitxuri, mulher de cerca de 26 a 35 anos.

Suponho que a pergunta é de uma crente que tem crenças, entre elas, que Deus é real, mas à qual custa ver Deus em sua vida diária. Dá a impressão, Aitxuri, de que tua ideia de Deus é tão elevada que não sabes como situá-lo "entre as tuas panelas", como diria Santa Teresa.

A resposta é muito simples: Deus está em tudo e além de tudo, ao mesmo tempo, e o modo de percebê-lo depende da qualidade da fé.

Dir-te-ei como eu o percebo em minha vida diária:

- Ao levantar-me, coloco-me em suas mãos, simplesmente, com o que sou e vou viver e fazer durante o dia.

- Procuro viver com ele tudo; o que me agrada e o que me desagrada, o que resolvo bem e o que resolvo mal.

- Quando olho para as pessoas, especialmente para as que têm problemas, ponho meu interesse em olhá-las como Deus as olha, sabendo que não posso amá-las como ele, evidentemente.

- Se me custa querer bem a alguma pessoa, peço-lhe por ela e lhe peço que me dê maior capacidade de amar.

- Quando falho, e o faço com frequência, confio em sua misericórdia procurando não me separar dele nem um milímetro sequer.

- Agradecimento e confiança são os sentimentos mais frequentes que vivo em relação com ele, não para que as coisas me corram bem, mas porque creio que ele é fiel, sempre fiel.

Dirás que isso exige muita fé. Não é questão, Aitxuri, de muita fé, mas do que faz anos que eu descobri: que o segredo da vida está em cultivar a relação com Deus. Não nos empenhamos em fazer coisas importantes, em planejar a vida espiritual, em alcançar não sei que metas; tudo é tão simples como saber que ele compartilha nossa existência minuto a minuto.

A relação cresce com a relação. A afetividade se transforma afetivamente, não com ideias. Parece um truísmo, mas esquece-se demasiado.

Uma advertência: deixa que ele seja o Senhor, em quem confias sempre, sem nunca o manipulares.

XI – QUESTÕES QUE A BÍBLIA PROPÕE

37. Por que os livros religiosos são tão distintos dos normais?

Teresa, mulher de 38 anos.

A história de José (livro do Gênesis) é uma espécie de novela breve. Tem ingredientes clássicos: o filho preferido por seu pai em uma família numerosa, inveja dos irmãos, que chegam a vendê-lo; vicissitudes de todo tipo, do ser criado a ser político de alto nível; reencontro com os irmãos em circunstâncias imprevisíveis. O texto, antropologicamente tão rico, presta-se a diversos níveis de leitura: o psicanalítico, o dramático-histórico, apto para um filme, reflexão existencial etc. O escritor bíblico lê essa história em chave de fé, mais concretamente por referência a um Deus providente, que guia a história em função de uma escolha e promessa, a de Israel como povo de Deus.

A experiência religiosa consiste em poder ver a realidade desde Deus. Aquele que não crê dirá que a interpreto; eu digo que a "vejo" (com um ver particular, certamente). Voltaremos mais tarde a falar disso.

Quem escreve um livro científico se preocupa em verificar o que afirma e explicar o método seguido para o verificar. Aquele que escreve uma novela desenvolve imaginativamente uma história, sem outra finalidade senão entreter, ou com a finalidade de sugerir uma mensagem. O escritor religioso se preocupa com as questões de sentido, e parte da certeza de que as questões de sentido têm a ver com Deus.

O escritor bíblico move-se no horizonte do religioso, mas sua tradição religiosa é tão particular que seu olhar para o real desconcerta profundamente. O Deus do qual fala é sempre o protagonista dos acontecimentos e o que dá sentido a eles. Inclusive a sabedoria existencial consiste em escutar o que Deus diz através das testemunhas que ele escolhe.

Tu o sabes, Teresa, essa fé normalmente necessita de um caminho com exigências próprias:

1) Há uma primeira fase, na qual a pessoa tem de se fazer perguntas que a implicam. E não qualquer pergunta: não como

funcionar melhor, mas como verdadeiramente andar e se desproteger do que nos ultrapassa.

2) As perguntas sobre o sentido da vida deixam de ser intelectuais para se tornar vitais. Têm de aparecer o medo e as resistências.

3) Sem saber como, emerge a presença do Absoluto. A pessoa ressitua suas perguntas existenciais mais além de si mesma, em Deus. Nada muda de sua vida normal, e tudo é diferente.

4) Em algumas pessoas ocorre encontrarem-se com o Deus de Abraão, de Moisés, dos profetas, de Jesus. Novidade impensável, chamado pessoal a pertencer a uma história de amor que Deus conduz.

Estas pessoas têm de fazer este caminho com a Bíblia na mão. Livro demasiadamente humano, à primeira vista, até que te revela segredos insuspeitados de Deus, do homem e da história.

38. Na Bíblia encontro histórias parecidas com outras de outros textos religiosos que consideramos mitos. Não será a Bíblia um livro de mitos? Precisaríamos aprender a distinguir entre seus ensinamentos e seu caráter histórico.

Dulce María, mulher de 34 anos.

Não é difícil encontrar entre as diversas religiões relatos parecidos. Bastaria comparar, por exemplo, como se narra a origem do mundo na literatura mesopotâmica e na Bíblia. Não obstante, Dulce María, assim como existem semelhanças existem grandes diferenças. A concepção de Deus em Israel, e em sua relação com os homens, é tão distinta...

A questão é muito mais radical. A Bíblia parece um livro de mitos porque o que chamamos de mito supõe uma concepção dos deuses que se colocam em contato com os humanos. Relatos de interação entre os seres celestes e os habitantes da terra. Recordemos a mitologia grega. Já os filósofos gregos se dedicaram a desmitificar sua própria religião para afirmar a transcendência do divino. Eles mesmos começaram a reinterpretar os mitos como expressão da sabedoria existencial. A ninguém atualmente ocorre entender que alguns deuses se colocavam a favor dos aqueus e outros a favor dos troianos, tal como nos conta Homero. Continuamos valorizando os mitos no que contêm de expressão da experiência religiosa e da vida humana.

Mas, digamo-lo sem rodeios, Dulce María, se os relatos bíblicos não contêm história real, não contam acontecimentos que ocorreram efetivamente, vã é nossa fé judeu-cristã.

Por quê? Porque nossa fé nasce nuclearmente da revelação de Deus na história de Israel e de Jesus. Façamos uma lista de acontecimentos que fundamentam nossa fé:

- A saída do Egito, a aliança no Sinai e a entrada na terra de Canaã.

- A ascensão ao trono de Davi e a eleição de Jerusalém como capital do reino de Israel e lugar do templo.

- A presença de profetas que falam em nome de Deus em torno dos reis e dos acontecimentos históricos, especialmente da destruição de Jerusalém, ao mesmo tempo em que anunciam um futuro último, quando Deus irá intervir de modo definitivo.

- A história de Jesus de Nazaré nas duas fases características de sua missão na Galileia e em Jerusalém.

- Sua morte na cruz sob Pôncio Pilatos.

- Sua ressurreição, que teve testemunhas que deram a Boa Notícia.

Por isso, o credo cristão não consiste em um conjunto de ensinamentos, mas, basicamente, em um relato.

Alguém dirá que se a Bíblia se limitasse a contar tais acontecimentos não criaria problemas. Mas não se dá conta de que o escandaloso da fé judeu-cristã é que seja, cabalmente, história e não sabedoria religiosa. Outra coisa é porque esses acontecimentos foram contados assim, com uma linguagem tão mitológica, cheia de lendas e de prodígios impossíveis de ser aceitos como reais.

É verdade, gastamos mais de duzentos anos desmitificando a Bíblia (notemos a palavra "desmitificar"). Os métodos científicos de crítica histórica faz muito tempo superaram a leitura literal da Bíblia. Não obstante, a mesma ciência confirmou o caráter histórico do pensamento bíblico e da fé judeu-cristã. Voltemos à questão decisiva: será verdade que a Deus ocorreu intervir na história humana, escolhendo Israel e manifestando-se de maneira pessoal em Jesus, de modo que existe, no meio das nações, um povo, o povo de Deus, precisamente o que chamamos a "Igreja"?

A razão humana e as outras religiões têm de se confrontar com esta afirmação central da fé cristã: Deus se fez homem, e seu nome é Jesus. Nenhum mito teve nem tem esse realismo. O celeste e o terrestre, o divino e o humano se encontram em Jesus para sempre.

Eu, cristão, acredito assim. Por quê?

39. Como podemos saber o que é verdade e o que é invenção na Bíblia?

José Luis, homem de 50 a 60 anos.

Em um grupo de formação bíblica, é obrigatório falar dos "gêneros literários". Com esse termo nos referimos aos diversos modos que têm os escritores bíblicos para falar da doutrina religiosa e, especialmente, dos acontecimentos que se narram. Por exemplo, no livro do Êxodo conta-se a saída do Egito com o gênero literário da epopeia divina: Deus intervém com prodígios de caráter cósmico, dividindo as águas do mar. O batismo de Jesus é relatado como "teofania": Deus fala do céu e aparece o Espírito Santo em forma de pomba.

Quando dizemos que se trata de gênero literário, a pergunta espontânea é idêntica à tua, José Luis: "o que é verdade e o que é invenção na Bíblia?".

Mas a pergunta, José Luis, implica um preconceito. Será verdade o que é verificado historicamente, e invenção o "gênero literário", o como é contado. Esta contraposição entre verdade/constatável e invenção/não constatável, associada ao relato escrito, é fruto do preconceito nada científico, como dissemos mais acima, de que só é real (e, portanto, verdade) o verificável.

Darei um exemplo. Morre em acidente um piloto famoso de fórmula 1 às dez horas da manhã. Três modos de contá-lo:

- O mecânico: morreu por causa do óleo que se havia derramado na pista, e isso o levou a derrapar.

- O jornalista profissional: perdemos um piloto maravilhoso.

- A noiva dele: esta manhã escureceu-se o sol da minha vida.

Três gêneros literários distintos, mas não contrapostos. O primeiro exprime a causa mecânica verificável. O segundo dá um marco social ao acontecimento. O terceiro apela para o sentido da vida.

Pois bem, como se pode expressar a história de alguém que concentra o sentido na existência para todos e cada um dos homens? Nós gostaríamos de saber o que aconteceu exatamente no batismo de Jesus. Mas os cristãos que escreveram os evangelhos necessitavam exprimir seu sentido oculto, já que, à luz da ressurreição, descobriram que Jesus era o Filho amado de Deus. Como podiam contá-lo: dizendo com máxima objetividade histórica o que aconteceu no Jordão, ou relatando uma cena que expressasse a verdade íntima do que aconteceu, a relação entre Jesus e Deus e a missão que lhe foi atribuída, a de Messias salvador?

Embora pareça paradoxal, é preciso dizer que os gêneros literários não ocultam a história, mas revelam sua verdade, seu sentido. Por isso, minha mãe lia o evangelho ao pé da letra, crendo que aconteceu o que narra, embora fosse milagroso, e eu o leio distinguindo história verificável e fé. Mas os dois acreditávamos no Evangelho e em Jesus. Muda a leitura cultural e permanece a fé.

Precisamente por ser crente em uma cultura da racionalidade crítica, não posso sê-lo sem integrar ciência e fé de um modo plausível e coerente. Em minha opinião, é preciso fazer um processo que implica distintos momentos:

1) Por honradez racional, devo perguntar o que é história e o que é gênero literário.

2) Em continuação, tenho de descobrir por que a história foi contada com esse gênero literário.

Posso fazê-lo se não tenho ao menos uma fé inicial, visto que o gênero literário tem a ver com o sentido da história, essa história que tem a ver comigo?

3) No final, recupero a unidade originária do texto, pois a realidade se revela a mim com o texto, unindo história e palavra, sem dissociação possível.

Evidentemente, nesse terceiro momento se dá a conexão entre o texto, escrito por crentes para suscitar a fé, e o leitor que o escuta desde a fé.

Continuemos a reflexão, José Luis. Quer dizer que todas as passagens bíblicas contêm história? De nenhum modo. Queremos fazer a dupla afirmação:

- Que não existe fé judeu-cristã sem uma história real.

- Que ao ser uma história que suscita fé e cujo sentido só pode ser percebido na fé, os gêneros literários não atacam a fé, mas são um canal normal de expressão da fé.

Dito o anterior, agora vem o trabalho paciente dos estudiosos para esclarecer que passagens contêm história e que passagens contêm só ensinamento, e inclusive quais passagens foram escritas como históricas apoiadas em má informação.

A mais de um leitor terá ocorrido a pergunta seguinte: a afirmação de que Jesus ressuscitou efetivamente não será, por sua vez, um gênero literário? A resposta é simples: os relatos de aparições de Jesus ressuscitado partem do acontecimento, mas empregam gêneros literários variados segundo as intenções dos escritores. Na origem da fé na ressurreição de Jesus não estão as aparições, mas as testemunhas que contam a novidade inaudita do acontecimento, sem mais elaborações. Não o esqueçamos: os apóstolos não são místicos que contam experiências espirituais, nem mestres que ensinam sabedoria religiosa ou moral, mas testemunhas, pessoas que contam o que viram, que Jesus, o crucificado, está vivo. Uma coisa é que Jesus apareceu realmente, e outra, os relatos de aparições tal como estão escritos nos evangelhos. De fato, a aparição mais significativa a Pedro (Lc 24) é afirmada como dado real, sem que se construa um relato.

O judeu-cristianismo nasceu assim, por referência ao acontecimento, melhor, à pessoa de Jesus morto e ressuscitado. Eu, cristão, o ouvi das testemunhas, e o creio. Por quê?

40. O Antigo Testamento se mostra a mim incompreensível. Como é possível esse Deus violento e vingativo?

Esperanza, mulher de 38 a 44 anos.

Deixa-me dizer-te, Esperanza, que semelhante apreciação do Antigo Testamento é parcial e injusta. Diz, antes, que algumas páginas se mostram para ti incompreensíveis.

A diferença com o Novo Testamento é notável; mas se deve, igualmente, à eliminação de algumas páginas. Faz pouco tempo ouvi de uma mulher cristã: "Jesus não condena ninguém". Eu lhe respondi: "Às vezes Jesus condena os letrados e fariseus; lê o capítulo 25 do evangelho de Mateus, quando Jesus separa os bons e os maus, julgando-os sobre o amor".

Tentarei esclarecer, Esperanza, o que está por trás da ira e do castigo de Deus no Antigo Testamento.

É preciso reconhecer que certas cenas (por exemplo, a matança de Ex 32) têm a ver diretamente com o contexto religioso de Israel, a facilidade para misturar a fidelidade a Deus com a violência. O que comprovamos hoje em alguns muçulmanos fundamentalistas, a *jihad*, já existia em Israel.

Para nós custa-nos entender que a idolatria, apostatar de Javé para adorar outros deuses, exigisse a morte. Por quê? Porque graças à mensagem não violenta de Jesus e à cultura da tolerância, hoje não fazemos da fé questão de vida ou morte para a sociedade. Mas em Israel (como na Grécia ou em Roma) isso era impensável. A fidelidade ao Deus do Estado era problema de sobrevivência nacional.

Ao Antigo Testamento, embora o tenha tentado de milhares de maneiras, custou-lhe desprender-se da "lei de talião". Existia a ideia de "justiça punitiva", que a justiça exigia um castigo correspondente ao delito. Mas não nos escandalizemos demasiado cedo, porque hoje escutamos todos os dias na televisão a reação que têm as pessoas diante do assassinato. É muito tardia (grande conquista ética, segundo meu entendimento) a ideia de que o castigo deve ser reabilitador, antes que repressor.

Aquele que conhece bem o Antigo Testamento sabe que o castigo é um momento de uma história de relação conflituosa com Deus, mediante o qual Deus corrige seu povo e lhe ensina a assumir as consequências de seus atos. Deus perdoa sempre, porque é amor fiel, mas nos coloca sempre em nosso lugar, na verdade do dano que exige reparação. Ocorre igual em qualquer conflito de relação interpessoal. Ela pode me perdoar incondicionalmente, mas sou eu quem tem de reparar, fazer o propósito de não voltar a fazê-lo e refazer a relação prejudicada. Do contrário, o perdão não seria real, não integraria a realidade vivida.

O inaudito é que no Novo Testamento é Jesus, o único inocente, o que assume as consequências do nosso pecado.

É surpreendente, Esperanza, o que ocorre aos crentes quando aprofundam no Antigo Testamento:

- A ira não lhes parece um sentimento indigno de Deus. Sabes como a vivem? Como somos importantes para Deus, que amor apaixonado tem por nós!

- Podem inclusive agradecer a Deus que os corrija com provações, porque precisam dele, porque só assim aprendem a amar.

Sabes a impressão constatada mil e uma vezes nos grupos de adultos aos quais acompanho? A tremenda dificuldade em muitas pessoas de integrar amor de Deus e conflito com Deus. Como se o amor fosse um seguro afetivo do qual se pode dispor. Reconhecerás, Esperanza, que um amor assim é infantil e egocêntrico. Se assim fosse, não poderias educar teus filhos nem ajudá-los a que sejam pessoas maduras.

Uma vez mais, só uma relação adulta pode viver, sem contradição, o crer no amor de Deus e sentir o conflito grave com ele. Sem laços afetivos profundos, o conflito eu o vivo como ameaça de ruptura. Quando tenho experimentado o fiel que é Deus, a ameaça não é ruptura, mas expressão do quanto lhe importamos.

41. Porque existem tantas interpretações da Bíblia?

Pilar, mulher de 55 a 60 anos.

O problema não está em que haja muitas interpretações, e sim em que a interpretação substitua a Palavra direta.

Um livro tão rico em humanidade, em história, em experiência religiosa mostra-se inesgotável.

Cada época lê e relê a Bíblia segundo suas próprias preocupações existenciais. O que quer dizer que é um referencial permanente, ao modo dos clássicos.

Um judeu-cristão tem de integrar a leitura crente, que este livro é palavra de Deus, com a interpretação, suscetível de variações.

Quando uma pessoa conhece as milhares de interpretações da Bíblia durante séculos, tanto mais reconhece a autoridade única dessa coleção de livros.

Existem interpretações que nascem da variedade de métodos de acesso ao texto. Existem interpretações que dependem do que alguém, consciente ou inconscientemente, projeta no livro. Por que existe tão profunda unidade de leitura nos que conectam com o texto com luz teologal, embora sejam de épocas e culturas distantes? Um italiano e um vietnamita leem a Bíblia com uma luz interior semelhante, embora as aplicações do texto sejam muito diversas.

Todavia, Pilar, não é o momento de explicar o que é "luz teologal".

XII – CRER EM JESUS DE NAZARÉ

42. Se alguém me pergunta se acredito em Jesus, digo-lhe que sim; mas, se me dizem que é Deus, me perco.

Asier, homem de 42 anos.

Que é crer em uma pessoa? Jesus se mostra uma pessoa confiável, veraz, coerente... Uma fé assim pertence à consciência humana.

Nos evangelhos, para crer nele, as autoridades religiosas lhe perguntam de quem recebe autoridade para fazer o que diz e o que faz. A fé tem a ver com a missão divina. Os judeus discutem a favor e contra.

Em Cesareia de Filipe (Mc 8), Jesus pergunta aos discípulos: "Quem dizeis vós que eu sou?". E Pedro confessa que é o Messias, o enviado de Deus para realizar o que haviam anunciado os profetas. Mas, quando Jesus diz que seu caminho messiânico é de sofrimento, Pedro se escandaliza. Na última ceia, quando anuncia a seus discípulos que chegou a hora de morrer, Pedro lhe diz que não o abandonará. Bastará a pergunta de uma criada para desmoronar sua adesão a Jesus.

O relato da Paixão de Jesus em Marcos 14–15 termina com a confissão de fé do centurião pagão. Que viu nesse crucificado, que apenas tem figura de homem?

No relato da aparição de Jesus ressuscitado ao discípulo Tomé, encontramos o ato de fé mais solene de todo o Novo Testamento: "Meu Senhor e meu Deus!".

Que é crer, Asier? Santo Agostinho distinguia entre crer em algo, crer em alguém e crer em Deus. Pode-se aceitar a crença na divindade de Jesus. Nada fácil, se se tem um mínimo de crítica racional. Pode-se crer em Pedro e Paulo quando dizem que viram Jesus ressuscitado depois de ter sido crucificado, morto e sepultado. Nada fácil, tampouco, porque Pedro e Paulo nos podem parecer verazes, mas o que dizem é tão incrível... Mas crer em Jesus supõe:

- adesão a sua pessoa acima de toda outra instância, inclusive a racional;

- confiar em sua pessoa até ser o sentido de minha vida;
- entregar-me a ele como o Senhor de minha vida, como qualquer pessoa religiosa se entrega a seu Deus;
- segui-lo até a morte.

Quando falamos da divindade de Jesus, costumamos fazê-lo desde uma perspectiva dogmática: para ver se é ou não Deus, tal como o dizem as Igrejas cristãs. Neste caso, a fé na divindade de Jesus só seria questão de adesão doutrinal, uma crença ideológica. Mas hoje já não serve essa transmissão dos dogmas. A pessoa necessita fazer um processo até crer em Jesus, este homem único, que sendo um de nós é o Filho do Deus vivo e eterno. Assim também os discípulos que caminharam com ele desde a Galileia para Jerusalém e, ao vê-lo ressuscitado, o reconheceram como Messias e Senhor.

Este processo implica a pessoa inteira:

- Conhecê-lo à luz dos evangelhos.
- Descobri-lo em sua humanidade e como mestre de humanidade. Sem esse subsolo antropológico dos evangelhos, corremos o perigo de que a fé em Jesus e em sua divindade não se enraíze em nossa existência.
- Relacionar-se com ele vitalmente desde o coração.
- Dar passagem a sua autoridade, tão especial.
- Entregar-se a seu amor, que nos dá vida.
- E em seu momento, encontrar-me dizendo-lhe face a face, com alegria incomparável: "Senhor Jesus, que queres que eu faça?".

Aquele que faz esse caminho nota como muda por dentro, conscientiza-se do dom que é a pessoa de Jesus; mas também da desproporção entre a luz interior da fé e as razões que tem para que Jesus o convença. Sabe por experiência o que se repete no evangelho de João: "Se o Pai não o atrair, ninguém pode vir a mim".

De todo modo, Asier, em boa teologia, dizer que Jesus é Deus é correto e incorreto. Correto, porque efetivamente o é; mas incorreto, porque não o é ao modo do Pai, tal como se expressa em todo o Novo Testamento. Jesus é "Deus de Deus, luz de luz". O matiz é muito importante, ainda que este livro não seja para tratar questões desse tipo.

43. Li o livro de José Antonio Pagola sobre Jesus, gostei muito; mas por que foi condenado por alguns bispos?

Pergunta de Andrés.

Creio que a condenação vem de que o livro não apresenta Jesus como Deus. O que é injusto, porque a intenção do autor é a "aproximação histórica" a Jesus, não uma cristologia ou um tratado dogmático. Atualmente, existem centenas de livros que se aproximam do Jesus histórico, o qual viveu fazendo o bem e morreu crucificado em Jerusalém, que teriam de ser igualmente condenados.

A questão subjacente, Andrés, é a que preocupa o pensamento conservador da Igreja: a distinção entre o Jesus histórico e o Cristo da fé. Desde mais de um século se impôs essa distinção como consequência da análise crítica dos evangelhos. Porque os evangelhos, sem dúvida, têm um fundo histórico, mas nos falam da pessoa de Jesus e nos transmitem uma mensagem e pregação à luz da fé dos discípulos com motivo na ressurreição de Jesus e no dom do Espírito Santo. Não é a mesma imagem a que os historiadores rastreiam mais além da letra dos evangelhos, tentando averiguar quem foi realmente este personagem, e a imagem elaborada pela fé, que é a que aparece nos evangelhos.

Existem muitos cristãos e cristãs que não têm nem ideia dessas questões. De fato, o *Catecismo da Igreja Católica*, publicado faz alguns anos, não trata dessa questão e apresenta Jesus de uma perspectiva dogmática tal como se formulou nos concílios dos séculos IV-VI. A consequência é que os que estão inteirados dessa problemática estão desorientados. Em minha opinião, é preciso fazer uma tarefa delicada. Por um lado, assumir a mudança de imagem de Jesus, à luz da crítica histórica, que não está inimizada com a fé.

Por outro lado, revisar a pastoral da fé em Jesus, insistindo em um processo de experiência pessoal (tal como o sugerimos na pergunta anterior). Está claro que a fé permanece; muda a imagem cultural de Jesus e a pedagogia para aceder à pessoa de Jesus.

Assim, pois, em relação ao livro de Pagola, a crítica deverá vir da história, não da dogmática. Em minha opinião, o método que Pagola seguiu mostra-se redutor, demasiado condicionado pelas investigações sociorreligiosas. Existem outros métodos de acesso ao Jesus histórico mais ricos e fecundos, que, indiretamente, estabelecem uma ponte entre o Jesus histórico e o Cristo da fé.

44. Por que as Igrejas cristãs não aceitam os evangelhos apócrifos? Parece-me suspeito.

Lourdes, mulher de 40 a 48 anos.

Lourdes, vamos ver; as Igrejas cristãs não aceitam os evangelhos apócrifos como livros canônicos, isto é, que regulam a fé dos cristãos. O que não quer dizer que não transmitam dados históricos sobre Jesus. Para um historiador, fiel ao método científico, é o mesmo ler o evangelho de Marcos (considerado canônico pela fé das igrejas) e o evangelho de Tomé (considerado apócrifo). A preferência por um ou por outro depende dos critérios históricos.

Apócrifo significa oculto, secreto, não aceito pelas Igrejas como canônico. Mas costuma ter também um sentido pejorativo; equivale a herético ou deformado. Como costuma ocorrer em batalhas ideológicas, é mais fácil desqualificar o inimigo que valorizá-lo objetivamente.

Por que a Grande Igreja, que estabeleceu a ortodoxia (a reta doutrina), não aceitou mais que os quatro evangelhos? A interpretação fácil é dizer que, ao ser a triunfadora, marginalizou os outros grupos. A resposta é mais complexa: não aceitou certos escritos (os apócrifos) porque foi preciso fazer um discernimento entre uns textos e outros, e no fim de certo tempo a tradição crente se sentiu identificada com uns e não com outros. O que não impede que, nesse processo de discernimento, ocorram, simultaneamente, intenções tendenciosas. Nas coisas da história da Igreja, saber distinguir a dinâmica de fidelidade a Jesus e seu Evangelho e os elementos nada evangélicos que se intermisturam, atrevo-me a dizer que é um critério de maturidade.

De todos os modos, que o leitor faça a prova de ler os quatro evangelhos canônicos (Marcos, Mateus, Lucas e João) e os apócrifos (existem edições recentes) e os compare. Notará nos últimos sua tendência ao milagroso, em concreto, a rechear os anos prévios ao Jordão, e, em muitos casos, a considerar Jesus a partir da ideologia gnóstica, isto é, como um personagem celeste com aparência corporal, dedicado a um ensinamento esotérico só para iniciados; o contrário da pregação histórica de Jesus.

45. Por que Jesus morreu? Nunca entendi isso de que morreu por nossos pecados.

Lucía, mulher de 26 a 35 anos.

As perguntas estão supondo, cada vez mais claramente, que falam pessoas com uma linguagem de educação cristã. Não sei, Lucía, se és praticante, se aceitas ou não a confissão central da fé cristã, que Jesus morreu por nossos pecados, ou estás revisando, por maturidade, qual conteúdo real têm expressões que aprendeste quando menina.

Para que a resposta seja adequada, vou distinguir perspectivas distintas. Todas tentam dar razão da morte de Jesus.

  a) Não fez nenhum favor à fé a ideia de que Jesus veio a este mundo para morrer, enviado do céu e predestinado a esse final trágico com um motivo claro: redimir-nos dos pecados.

Esse pensamento escamoteia o realismo da história, por exemplo, que o final de Jesus teria sido muito diferente se o povo judeu tivesse aceitado seu messianismo e seu modo de fazer presente o Reino.

  b) Do ponto de vista histórico, Jesus morreu porque era perigoso. Enfrentou o sistema religioso, suas pretensões messiânicas eram uma ameaça para o poder romano... De fato, a causa de sua condenação foi cravada na cruz: "Rei dos judeus".

O método histórico funciona por dados, buscando a explicação da morte violenta de Jesus. Nessa perspectiva, apelar a desígnios divinos estaria fora de lugar.

Opõem-se ambas as perspectivas? Tudo depende de uma hipótese: se a morte de Jesus foi como a morte de tantos líderes religiosos, antes e depois dele, que terminaram nas mãos do poder, ou se sua morte foi única, pois havia sido chamado a realizar uma missão única.

Em João, capítulo 11, narra-se como Caifás decidiu a morte de Jesus para evitar o massacre do povo, visto que "é melhor que morra um só, e não toda a nação". Mas o evangelista comenta: "Não o disse por conta própria, mas profetizou que morreria para congregar os filhos dispersos de Israel". O evangelista explicita como a morte de Jesus pode ser percebida em diversos níveis.

Sem dúvida, perceber o sentido redentor da morte de Jesus só é possível a partir de sua ressurreição. Só esta obrigava a reler o que Jesus fez e ensinou e, especialmente, sua morte. Todo o Novo Testamento centra-se nesta reflexão: a ressurreição de Jesus transformou o fracasso em êxito, o escândalo da morte em sinal do Reino. Por que morreu Jesus? Porque na pessoa de Jesus se revelou a questão central da recusa de Israel a seu messianismo, o pecado e a obstinação. Não havia outra saída senão a morte redentora em favor dos assassinos (parábola dos vinhateiros homicidas em Marcos 12). Com a ressurreição, Deus Pai confirmava o sentido da morte de Jesus, o cumprimento de sua missão em forma de obediência e de amor até o extremo.

Alguém pensará que tudo isso é pura especulação religiosa, que se faz *a posteriori*, sublimação racionalizada do fracasso de Jesus. Mas existe um dado histórico que serve de ponte entre as razões objetiváveis (morreu porque era perigoso) e o sentido redentor dessa morte: a consciência com que Jesus celebrou sua última ceia com seus discípulos.

Tomou depois o cálice, rendeu graças e deu-lho, dizendo:
– Bebei dele todos, porque isto é meu sangue, o sangue da Nova Aliança, derramado por muitos homens em remissão dos pecados (Mt 26,27-28).

Outra coisa, Lucía, é quando e como se chega à experiência da morte de Jesus como perdão de meus pecados. É preciso fazer um processo de personalização da fé, e, logicamente, personalizar a morte de Jesus, enquanto salvação pessoal, exige tempo, sabedoria e, sobretudo, luz de Deus.

46. Como pode ser real que Jesus esteja vivo? Será preciso dizer que o sentimos vivo, não?

José Enrique, homem de 37 anos.

Minuciosa pergunta fazes tu, José Henrique! Porque o cristianismo tem como eixo a ressurreição de Jesus, exatamente. "Se Cristo não ressuscitou, é inútil a vossa fé" (1Cor 15,17).

A tentação permanente é racionalizar o acontecimento, buscando explicação plausível, ou espiritualizá-lo para evitar seu realismo escandaloso. A resposta tem de ser dada passo a passo.

Comecemos por distinguir:

a) O importante não é o como, mas o acontecimento. As testemunhas, que o viram, não contam como ressuscitou, mas que ressuscitou efetivamente, porque está vivo.

Toda tentativa de reduzir o acontecimento à experiência delata a incapacidade de acreditar nele.

Posso aceitar que a visão do Ressuscitado foi uma espécie de experiência mística, ainda que o Novo Testamento não me dê certeza para pensar assim; mas é o ressuscitado aquele que cria a experiência, não o inverso. Dito com outras palavras: não foi a fé que criou a ressurreição, mas o Ressuscitado criou a fé e a capacidade de vê-lo.

O como tem a ver com nossa necessidade de compreensão; mas o acontecimento é prévio e, por isso, o testemunho dos que viram também.

b) Dizer que o crucificado está vivo implica um realismo brutal:

- Que o sepulcro ficou sem cadáver.
- Que a testemunha vê Jesus ressuscitado com seu corpo; por isso, o reconhece como o profeta da Galileia e o crucificado no monte Calvário.

Também aqui é vital a distinção entre quem é o que está vivo e o como de seu corpo. O decisivo é a identidade entre o crucificado e o ressuscitado; trata-se do único e mesmo Jesus de Nazaré. O como vive esse Jesus nos resulta estranho, e, de fato, os relatos de aparições, escritos tardiamente, umas vezes dizem que Jesus come alimentos físicos com seus discípulos, e outras vezes que aparece como um fantasma.

c) Existe um como absolutamente especial, do qual dão testemunho as testemunhas: que Jesus lhes aparece como SENHOR, isto é, sua vida é divina, vive de um modo totalmente distinto de como viveu historicamente, se mostra com o senhorio próprio de Deus, com a autoridade de quem dá a vida nova, a eterna. É Jesus, o crucificado, mas agora sua presença é gloriosa.

Aqui vem a cruz do pensamento. Como um corpo espaçotemporal pode ter uma vida não espaçotemporal, como alguém mortal se fez celeste e imortal? Paulo procura explicá-lo com imagens e símbolos (1Cor 15).

Uma vez mais quero salientar a distinção entre o percebido e o explicado. Existem demasiados pensadores que, para encontrar uma explicação, anulam a realidade de Jesus. Trata-se de um acontecimento único, que não tem ponto de comparação com tudo o que conhecemos no cosmos. Por isso, para um crente, é referência primordial para pensar Deus, o homem e inclusive o cosmos. Prefiro ficar assim, sem explicar o como, mas afirmando o quê.

É normal, consequentemente, que com a ressurreição se me torne evidente o que constato milhares de vezes com as coisas essenciais do cristianismo: que onde oferece sua força seja inevitável perceber sua fraqueza.

- Como posso entregar minha vida a um acontecimento contingente, contado por testemunhas falíveis?

Porque, se está vivo, a fé deixou de ser uma ideologia e de estar à mercê da subjetividade religiosa. Deus deixa de ser um postulado ou um horizonte de sentido, e se mostra, efetivamente, como Senhor da história e pessoa real e concreta.

- Existe demasiada desproporção entre as provas da ressurreição e a fé que tenho na pessoa de Jesus.

Assim é. Mas é que a fé não deriva de razões controláveis. Como a própria ressurreição, é um ato único e originário, cuja estrutura é a síntese de três aspectos que se compenetram e reforçam.

1) Alguns indícios racionais de que o contado pelas testemunhas é real.

Como dissemos da existência de Deus, aceitar o acontecimento é racional, embora seja estranho.

2) Implico-me em um processo de conhecimento e relação com a pessoa de Jesus, que me permite ir além da verificação da ressurreição, para fundamentar o sentido da existência na pessoa de Jesus.

Entenderás, José Enrique, que esse passo é o que não quer dar a maioria dos que perguntam a respeito da ressurreição.

3) Quando ele quer e como quer, me vem ao encontro e deixa que eu o perceba em sua pessoa e seu senhorio, de modo que certeza interior e experiência se me fazem confissão de fé: "Jesus, meu Senhor Jesus".

Sem circunlóquios: o encontro com Jesus é real; mas não posso dispor dele.

Termino a resposta com uma distinção necessária:

- *Os apóstolos viram e creram, indissoluvelmente.* Porque a eles lhes apareceu para que o vissem e fossem testemunhas; porém, quando lhes aparecia, lhes dava luz interior, superior à da visão física, para poder percebê-lo em sua vida de Senhor, isto é, fé.

- *Nós ouvimos e cremos.* "Porque a fé entra pelo ouvido" (Paulo, Rm 10).

No ato de ouvir, quando a fé não é crença ideológica, se me dá percebê-lo real e vivo.

> Este Jesus vós o amais, sem o terdes visto; credes nele, sem o verdes ainda, e isso é para vós a fonte de uma alegria inefável e gloriosa (1Pd 1,8).

De novo, temos de apelar para a relação. Sem relação com Jesus não podemos perceber o real que ele é.

47. Li recentemente que Jesus não tinha consciência de sua divindade. Como podia então ser Deus?

Carmelo, homem de cerca de 50 a 60 anos.

Em um livro meu sobre Jesus, também defendo a tese de que não tinha consciência de sua divindade até que ressuscitou e o Pai o sentou à sua direita e lhe deu o nome sobre todo nome, o de Senhor (Fl 2). Alguns crentes, com a melhor intenção, me disseram que sou um herege. Mas eu, em todo momento, afirmo que Jesus era Deus desde sempre. Porque uma coisa é, Carmelo, a fé em sua divindade, e outra dizer que tinha consciência de sua divindade. Uma coisa é a fé, e outra, uma opção teológica. Como eu pensam um grande número de teólogos e a maioria dos estudiosos dos evangelhos.

Em que nos apoiamos para sustentar essa tese? Na investigação sobre o Jesus histórico. De todo modo, minha posição é matizada, porque em meu livro falo de um processo no qual Jesus, progressivamente, vai adquirindo consciência de seu ser pessoal.

Como é possível não ter consciência de si se se é? Entendo bem, Carmelo, a dificuldade. É um velho princípio de filosofia que dos atributos se deduz a essência e que da essência brotam os atributos. Se era Deus, tinha de ser onisciente e onipotente e, além disso, saber e dispor de sua divindade.

O principio é lógico dentro de uma determinada ordem de realidade. Mas se fazemos a hipótese de que Jesus, sendo filho de Deus, se fez homem, "em tudo semelhante a nós, exceto no pecado" (como diz a Carta aos Hebreus), encontramo-nos diante de uma realidade única, que rompe nossos esquemas de compreensão. Pode alguém despojar-se de sua condição divina, fazendo-se homem, obediente até a morte e morte de cruz? (cf. o mesmo texto antes citado de Fl 2).

Eu tampouco sei, Carmelo, como é. Mas o conjunto dos dados do Novo Testamento resulta mais coerente se fazemos a hipótese que a ti te desconcerta.

XIII – RACIOCINAR E CRER

48. Existem muitos dogmas que são incompatíveis com a razão. Como posso ser honesta comigo mesma se os acato por obrigação? Onde fica minha liberdade de consciência?

Estíbaliz, mulher de 29 anos.

Tens toda a razão: a liberdade de consciência está acima da obrigação; a evidência racional deve se libertar dos dogmas. Temos de reconhecer que às vezes as Igrejas apelaram para os dogmas para submeter as consciências.

Contudo, Estíbaliz, deixa-me matizar tua formulação.

Por exemplo, se o dogma da Trindade (um só Deus, Três Pessoas distintas) afirma que 1 = 3, não há razão para aceitá-lo de modo nenhum. Mas se conheceres a história desse dogma, surpreender-te-ás ao comprovar o esforço que o pensamento cristão (que se movia na cultura grega, tão racional) fez para chegar a ver que não havia contradição entre razão e fé. Leva em consideração que a formulação da Trindade, como agora a fazemos, é tardia. A ideia de que em Deus existem várias pessoas nasceu de uma reflexão ao se tomar consciência de que o homem Jesus de Nazaré vinha de Deus e de que era seu Filho eterno. Os judeu-cristãos tinham claro o monoteísmo, e por isso no Novo Testamento se chama Deus de Pai e Jesus de Senhor. Mas deixemos as coisas assim, Estíbaliz, pois este livro não pode se deter em um tema tão complicado.

Se te referes a outros dogmas, por exemplo, que na Eucaristia o pão e o vinho se transformam em corpo e sangue de Jesus, entendo o escândalo que nossa fé provoca, o mesmo que provocou Jesus aos ouvintes na sinagoga de Cafarnaum (cf. Jo 6). Mas esse escândalo não é propriamente racional, mas de fé: como pode Deus nos amar assim? Também a mim escandaliza; mas não o vejo primordialmente em contradição com minha razão, mas sim com a dificuldade de meu coração de aceitar um Deus assim.

Parece-me, Estíbaliz, que a pergunta reflete uma ideia do dogma que se encontra em muitos crentes, mas não em todos. O dogma é uma verdade de fé, declarada assim solenemente, quando a fé da comunidade cristã se sentiu ameaçada em algum ponto essencial. A fé não se alimenta de dogmas, mas da Palavra pregada e transmitida. Por exemplo, pertence essencialmente à fé que Jesus é nosso salvador; mas nunca foi declarado como dogma, porque não foi questionado. Os dogmas respondem a momentos defensivos e necessários na história das comunidades cristãs.

49. Outro dia, na televisão, escutei um professor dizer que não tem sentido discutir sobre a verdade da fé, porque uma coisa é a "ciência", e outra, a "crença". Podes tu me esclarecer esses conceitos?

Victor, homem entre 26 a 40 anos.

Está se convertendo em lugar-comum a separação entre ciência e crença. A primeira seria conhecimento verificável da realidade. Para isso se conta com instrumentos precisos, controláveis com rigor racional. Requer neutralidade no juízo, evita todo subjetivismo. A crença pertenceria à subjetividade, e não pode ser contrastada. As religiões são sistemas de crenças: projeção de necessidades inconscientes, fruto da mente que cria cosmovisões para dar sentido à realidade. Por isso, sua linguagem é simbólica.

A distinção permite superar esse chato racionalismo que reduz todo conhecimento a ciência. O agnóstico atual respeita as crenças, à maneira do professor que tu viste na televisão, Victor.

O mal é que entre crentes se alenta com frequência a mesma dissociação:

• A fé é questão subjetiva.

• No máximo, é uma interpretação religiosa da realidade.

Por que razão então tem tal capacidade de convicção? Por que considerar reais nossas crenças? Porque as crenças têm a ver com os desejos mais profundos dos humanos, sem os quais a vida não teria sentido.

Pelo que vens lendo até agora, Victor, sabes muito bem que me oponho frontalmente a considerar minha fé cristã como uma crença. Por várias razões:

• A fé é um acesso ao real, como a ciência é outro acesso ao real. A fé não é uma interpretação subjetiva da realidade, mas a possibilidade que Deus nos dá de olhar a realidade a partir dele, o absolutamente real em tudo.

É real o amor que tens por teu filho e o que significa para ti, Victor, ou é uma crença?

É real que minha história em seu conjunto foi cuidada e conduzida por Deus? Não o posso provar cientificamente, porque Deus não explica os fenômenos de minha vida; mas é que minha vida é uma biografia pessoal, na qual os fenômenos estão articulados em uma unidade de sentido e dependeram de minhas decisões e de minha consciência.

- A fé cristã está referida essencialmente a uma história, e tal história tem acontecimentos controláveis e testemunhas oculares.

Quão facilmente se considera a fé cristã como uma experiência religiosa entre outras! Nunca insistiremos suficientemente em que na origem da fé cristã não está o desejo de transcendência, mas uma história com testemunhas verazes. A ressurreição de Jesus não é uma crença que expressamos com símbolos de experiência religiosa, mas um acontecimento que se nos impõe em toda a sua força de novidade. As testemunhas primeiro dão a notícia; depois, em um segundo momento, recorrem a símbolos da linguagem religiosa.

50. Para ser crente, é preciso crer nos milagres? Por que têm tanta importância nos evangelhos?

Ainhoa, mulher de 36 anos.

Tua pergunta demonstra certa educação religiosa. Talvez tenham te ensinado, Ainhoa, que os milagres de Jesus eram provas de sua divindade ou, ao menos, de sua missão de enviado de Deus. Na apologética cristã (estudo dedicado a defender a fé e a argumentá-la com provas racionais), assim se falou dos milagres.

Para evitar o conflito entre a ciência e os relatos de milagres, tão abundantes nos evangelhos, alguns padres consideram os milagres como parábolas da doutrina de Jesus. Demasiado cômoda semelhante escapatória.

O tema é mais complexo do que parece. Assim, te oferecerei algumas pistas que te ajudem a propô-lo a ti corretamente.

1) Que o Jesus histórico fizesse curas extraordinárias, ninguém o duvida hoje. Que fossem milagres em sentido científico (rupturas das leis da natureza, atribuídas a um poder sobrenatural) é outra questão.

Os evangelhos foram escritos em uma cultura pré-científica, e em nenhum momento pensam em provas científicas do poder divino de Jesus.

Para saber com rigor científico se foi um milagre, teríamos de conhecer todas as leis da natureza. No amplo contencioso entre ciência e fé, tantas coisas que em seu momento se atribuíram à intervenção milagrosa de Deus depois tiveram uma explicação científica.

2) Os chamados "milagres de Jesus" nos evangelhos consideram-se intervenção de Deus, mas enquanto sinais que apelam para a fé, e só a partir da fé são percebidos como intervenção de Deus.

Naquele contexto religioso, no qual resultava evidente a intervenção dos poderes divinos, os fariseus e letrados interpretaram os milagres de Jesus como coisas de Beelzebul. E os crentes, como sinal de que o Reino, anunciado pelos profetas, havia chegado.

3) Nós, que pertencemos a uma cultura secular, não atribuímos a Deus a explicação dos fenômenos. Por isso, distinguimos, sem as opor, a explicação científica e a percepção da fé.

De todo modo, Ainhoa, se queres aproximar-te da experiência crente do milagre, terás de fazer um processo:

- Primeiro, prescindir da questão científica.
- Viver ou ter vivido uma situação sem saída, na qual pediste a Deus que te salvasse.
- De maneira imprevista ("milagrosa", em linguagem coloquial), experimentaste que foste salva.
- Se não fores crente, falarás de sorte. Se fores crente, falarás que Deus te salvou.

A questão última é muito simples: que capacidade tens de perceber a realidade em diversos níveis? Se tens um filho enfermo de câncer, o imediato é buscar a solução na medicina. Se és crente e pedes a Deus a cura, podes lê-la em diversas chaves segundo a maturidade de tua fé:

1) Se buscas a explicação, a atribuis a Deus, como se Deus fosse o médico. Mas Deus não explica o fenômeno, como se curou.

2) Se não necessitas de explicação, distinguires entre a explicação científica e o que tu percebes como salvação, visto que a experiência de ser salvo está além da explicação do fenômeno. A cura é questão médica; a salvação é questão existencial.

Reconheço que essa capacidade de perceber a realidade em diversos níveis requer ter feito muito caminho de fé. Deixemos assim, indicado, sugerido.

51. Por que Jesus diz que o evangelho só o entendem os simples?

Paco.

O texto evangélico diz assim:

> *Jesus pronunciou estas palavras:*
> *– Eu te bendigo, Pai, Senhor do céu e da terra, porque escondeste estas coisas aos sábios e entendidos e as revelaste aos pequenos. Sim, Pai, eu te bendigo, porque assim foi do teu agrado. Todas as coisas me foram dadas por meu Pai; ninguém conhece o Filho, senão o Pai, e ninguém conhece o Pai, senão o Filho e aquele a quem o Filho quiser revelá-lo. Vinde a mim, vós todos que estais aflitos sob o fardo, e eu vos aliviarei. Tomai meu jugo sobre vós e recebei minha doutrina, porque eu sou manso e humilde de coração e achareis o repouso para as vossas almas. Porque meu jugo é suave e meu peso é leve (Mt 11,25-30).*

Pode-se saber muito e ser simples; mas é necessário ter experimentado os limites de nossa razão e reconhecer que Deus sempre é mais. Os autossuficientes fecham a si mesmos todas as portas.

Simples é Jesus, a quem lhe brota do coração, como o mais natural do mundo, alegrar-se com que Deus seja Deus e faça o que queira.

Simples é aquele que sabe situar-se em um lugar de criatura agradecida e de filho abençoado pela bondade de Deus.

É preciso fazer um caminho de simplicidade, cujo segredo é fazer-se à maneira que Deus tem de nos amar. E para isso a história de sua Revelação, consignada na Bíblia, se constitui em referencial primeiro. Só depois de certo tempo e *a posteriori* o que no princípio te desconcerta acaba sendo motivo de admiração e luz de verdade.

Quase sempre, para não dizer sempre, é preciso passar pela experiência da condição humana: sofrimento, miséria e pecado. O que nos custa desmontar nossa ansiedade por dominar a existência!

52. Não é o cristianismo demasiadamente bonito para que seja real?

Javier, homem de 36 anos.

Não sei se a expressão "demasiadamente bonito" é a correta; mas creio entender-te, Javier. Com efeito, o cristianismo é "demasiado".

É inconcebível:

- Que Deus tenha baixado das nuvens para fazer conosco uma história de amor.

- Que tenha morrido crucificado por mim.

- Que Jesus esteja vivo para sempre.

- Que nos dê o Espírito Santo, a vida que ele recebe de Deus Pai.

- Que esse pouco de pão e de vinho sejam seu Corpo e seu Sangue.
- Que nos tenha prometido uma eternidade plena e feliz.

Já não é tão "bonito":

- Que tanto dom não tenha suprimido os sofrimentos básicos dos humanos: violência, enfermidade, morte.
- Que seu amor seja tão diferente do que gostaríamos que fosse.
- Que perceber sua grandeza e sua beleza só seja possível mediante a fé e não seja imediatamente evidente.
- Que a ética cristã seja tão exigente.

A mim me ocorre, Javier, que percebo com tanta força o contraste, que necessitei de muitos anos para me convencer de que é o contraste, justamente, uma das razões que me convencem do quão real é.

Com os outros humanismos e religiões, me ocorreu que, em um momento, me resultavam plausíveis e racionais. O cristianismo me convenceu do contrário. Tive de fazer a aventura da fé cristã para que me resulte plausível e racional.

XIV – POR QUE SOU CRISTÃO?

Várias pessoas, sabendo que suas perguntas se dirigiam a um cristão convicto, pediram-me que lhes dissesse por que sou cristão. Procurarei responder-lhes o mais honradamente possível; mas não peçam, por favor, que desnude minha intimidade pessoal. Eu vou sugeri-la entre linhas.

1. Sou cristão por Jesus

Desde menino e adolescente recebi uma educação religiosa. Jesus era o referencial central: verdadeiro Deus e verdadeiro homem, ideal perfeito, salvador universal... Quando escutei nas aulas de teologia como haviam sido escritos os evangelhos, a diferença entre o Jesus histórico e o Cristo da fé, estilhaçou-se em mil pedaços a imagem que eu tinha dele. Tive de me fazer milhares de perguntas. Assaltou-me a ideia de passar para o budismo e também a de deixar de lado qualquer religião e me ater ao que minha razão alcançava.

Um dia, com meus 22 anos em plena ebulição, algo me aconteceu por dentro que mudou radicalmente a minha vida. Foi e é o antes e o depois.

Retomei minha relação com Deus, recuperei minha afetividade religiosa de criança e de adolescente, e, sobretudo, comecei a entender a Bíblia com uma luz distinta. Recordo perfeitamente como a contraposição entre o Jesus histórico e o Cristo da fé foi substituída por uma perspectiva nova. Precisei ainda de vários anos até delinear uma síntese. Dou por consumado que não teria sido possível sem essa luz interior e sem a busca apaixonada por conhecer a pessoa de Jesus.

Que é agora Jesus para mim?

- *Mestre de humanidade*. Continua me surpreendendo seu cunho de verdade e liberdade, seu modo de se aproximar das pessoas, sua leitura da realidade, sua solidão acolhedora...

- *Seu ser de Deus e para Deus*. Não o vejo sob esquemas dogmáticos, como o Filho de Deus, mas como alguém que teve de aprender a ser crente dia após dia, em plena disponibilidade à iniciativa de Deus.

- Quando o ouço falar de Deus-Abá, quando rezo com ele (e sempre o faço assim) o Pai-Nosso, tenho uma dupla sensação: que estou longe dele e, não obstante, como me conecto.

- Quando o vejo e escuto com toda a sua autoridade, já não me desperta (como em outras épocas) necessidade de autoafirmação. Em vez disso, coloco-me como discípulo, e é através de sua autoridade, justamente, que entrevejo que ele é único e que tem uma relação única com Deus.

- Quando o vejo pregado na cruz e escuto o que diz, provoca-me, irremediavelmente, silêncio, um silêncio que me conduz, estremecido, a Deus.

Tem sido e é maravilhoso ouvir os testemunhos de que está vivo e de que é o Senhor, o Filho do Deus vivo.

Basta-me fechar os olhos e colocar-me em sua presença e dizer-lhe: "Meu Senhor e meu Deus!".

Entendo tão bem Paulo quando diz: "Se alguém não amar ao Senhor, seja maldito. *Maran atá* [Vem, Senhor]" (1Cor 16,23). A expressão tem som de intolerância, traduza-se deste modo: "Não sabe o que perde aquele que não conhece e não ama Jesus, o Senhor".

2. Sou cristão por Pedro e Paulo

Pedro e Paulo representam para mim a comunidade judeu-cristã do Novo Testamento e a Igreja até agora.

Quando tive minhas dúvidas e busquei a sabedoria de outras religiões, recordo que o que me reteve em minha fé católica foi seu caráter histórico. Sempre vivi essa batalha entre o pensamento do universal e o pensamento que requer realismo e concretização. Com os anos, as cosmovisões cederam progressivamente e preferi a Bíblia, que relata acontecimentos que são contados e transmitidos por testemunhas.

Pois bem, para mim, acima de tudo, Pedro e Paulo são as testemunhas do acontecimento mais importante que ocorreu na história humana: a ressurreição de Jesus. Não se trata de alguém que volta à vida (reviver), mas de alguém que entra corporalmente na vida de Deus e recebe a vida de Deus para dar aos homens e mulheres mortais a mesma vida de Deus, a qual ele tinha antes da criação do mundo.

Se não ressuscitou, "somos, de todos os homens, os mais dignos de lástima" (1Cor 15,19). Mas se ressuscitou tudo tem sentido, inclusive o pecado e a morte e o sofrimento dos inocentes e as injustiças suportadas pelos oprimidos... Com ele o futuro da humanidade está garantido pela fidelidade de Deus. Por ele, sei que o Pai é Deus para todos nós e que seu projeto é, para sempre, o de uma humanidade verdadeiramente fraterna.

- *Pedro* viveu com Jesus, seguiu seu caminho desde a Galileia até Jerusalém, negou-o covardemente; mas ele, Jesus, o havia escolhido para ser sua principal testemunha. Testemunha de sua ressurreição, testemunha de seu perdão e de seu amor até a morte.

- *Paulo*, o perseguidor dos cristãos, testemunha, igualmente, que Jesus está vivo e é o Senhor, escolhido para romper as barreiras entre judeus e pagãos, escravos e livres, mulheres e homens.

As vezes que recorro ao capítulo 15 de sua Primeira Carta aos Coríntios... Realismo da fé, sem o qual eu não seria cristão. O mesmo realismo com que celebramos a Eucaristia.

3. Sou cristão porque Deus me salvou de mim mesmo

Já aludi, no ponto 1 desta parte, ao que me aconteceu no santuário de Arantzazu aos 22 anos. Dá-me muito pudor descrevê-lo. Só direi que me ocorreu de um modo imprevisto e que eu, certamente, não fiz nada que o facilitasse.

- Mudou-me a perspectiva da realidade inteira.

- Mudou-me o modo de propor-me a fé, que deixou de ser ideologia para ser experiência real.

- Descobri a importância de viver a relação com Deus, iniciando assim o caminho diário da oração.

- Pouco a pouco, sem nenhum propósito ético, mudou também meu olhar para o outro.

- Descobri o que é viver de dentro para fora.

- O mais importante: que a vida consiste em confiar, em deixar a Deus a iniciativa.

E muitas coisas mais, que necessitaram de anos para se esclarecer e ser formuladas. A salvação pela fé deixou de ser uma expressão da linguagem cristã e se constituiu em fonte de ser e de atuar.

Hoje, analisando melhor a situação vital na qual se me deu este "novo nascimento" (verdadeira experiência fundante), reconheço que minha desorientação existencial e meus conflitos de personalidade tinham de romper por algum lado. Um psicólogo o chamará "ab-reação"; mas os frutos não são primordialmente psicológicos, mas sim existenciais e espirituais.

4. Sou cristão porque tenho uma história de relação com Deus

Quando a fé deixa de ser ideologia, Deus é alguém vivo. Começas a te relacionar com ele de modo pessoal. Mediante a oração, se desdobrou meu mundo afetivo (pela educação recebida, minha afetividade levava um adiamento notável). Conheci a intimidade amorosa com Deus. Tive a intuição e o acerto de me dedicar a ele um par de anos. Sobre esse eixo, era necessário integrar a vida em seu conjunto: as relações humanas, o trabalho, a criatividade pessoal...

Essa história de relação com Deus é rica e complexa, mais rica e complexa do que qualquer história de amor humano. Tem também suas fases, seus momentos obscuros, sua sabedoria... Pessoas e livros podem te dar pistas; mas a aventura é pessoal e intransferível. A afetividade se aprende e se desenvolve, se purifica e se transforma só através da própria relação.

Tente intuir o leitor e a leitora a história que tem de fazer um crente que, aos 28 anos, vive em uma ermida, dedicado à oração e ao trabalho manual, que necessita interpretar a realidade, porque do contrário se perde, que é acompanhado espiritualmente por outros crentes, mas que tem de fazer seu caminho de maneira solitária, e que agora, aos 68 anos [afirmação feita em 2009, visto que Javier Garrido nasceu em 1941 – nota do trad.], vive em um apartamento de Pamplona, dedicado à evangelização de pessoas e grupos de adultos...

O essencial, para além de meu pensamento, de minhas tarefas e de minhas relações, tem sido ele, meu Deus, seu amor e nossa intimidade.

Não vá crer o leitor que por isso sou melhor que os outros. Não posso negar a obra de Deus em mim; seria atroz ingratidão. Mas direi com São Francisco a Frei Maseo: "Se outro tivesse recebido as graças que eu recebi...". Cada dia peço perdão a meu Senhor, consciente de minha fraqueza.

5. Sou cristão porque Jesus me chamou a ser seu

Em alguns cristãos, a vocação vem depois de um processo espiritual, à maneira de fruto. A relação pessoal com o Deus vivo os leva a tomar consciência de que o importante é deixar a Deus a iniciativa e que a vida é chamado. A mim se deu a experiência vocacional (concretamente, a de ser franciscano) desde muito cedo. Não sei como pude permanecer no fundo de meu ser quando, simultaneamente, tive crises de todo tipo.

É uma das razões pelas quais sei que sou de Jesus.

Mas agora me sinto seu de um modo novo. Produz em mim muito agradecimento...

- Ele me demonstrou que quer bem a mim como sou, para além de minha conduta.

- Custou-lhe muito ensinar-me a viver a relação com ele a partir dele. Estava eu (e ainda...) tão pendente de mim mesmo...

- Pouco a pouco, com infinita paciência, seu amor me foi ocupando o coração. Posso dizer com Pedro: "Senhor, a quem iríamos nós? Tu tens as palavras da vida eterna" (cf. Jo 6,68).

- O maior presente, confesso enternecido: que estou condenado a amá-lo. Finalmente, Jesus, finalmente!

Mas o leitor já sabe que, em coisas de amor, qualquer ápice que se alcance só é preparação para outro.

6. Sou cristão porque minha experiência concorda com a Bíblia e com os santos

Ocorreu-me quando me converteram. Era tão novo, havia sucedido tão de repente, que suspeitei. Necessitei de um par de anos para comprovar que não era invenção minha, consciente ou inconsciente.

A Carta aos Romanos dava nome às minhas luzes interiores. Inácio de Loyola e Francisco de Assis, tão diferentes, expressavam o que eu sentia. Reli a Bíblia. O Antigo Testamento me criava certa desorientação em sua apresentação da imagem de Deus. Com Jesus se me confirmava luminosamente minha relação nova com Deus. As peças iam se encaixando.

Com os anos, a concordância entre minha experiência, a Palavra (a Bíblia) e a Igreja (os santos) se fez argumento teológico e inclusive racional.

- Finalmente, é o próprio Espírito Santo aquele que dá testemunho da verdade do Pai e do Filho em meu interior, na Igreja e através de toda a história da Salvação.

- Tal é o milagre: mudam os tempos e as culturas; permanece a mesma vida de Deus comunicando-se aos humanos.

Já sei que o argumento não é *decisivo*; mas a mim ajuda a compreender que no judeu-cristianismo o subjetivo e o objetivo concordam. Não é pouco nesses momentos em que predomina a tendência a fazer da fé cristã algo meramente subjetivo, para não dizer utilitário, sem se preocupar com sua verdade.

Não por acaso, volto a salientar que a concordância entre minha experiência e a dos santos não é de igualdade. Bom seria que vivesse eu como Francisco de Assis, com sua imediaticidade e sua transparência diante do Evangelho!

7. Sou cristão porque minha eleição é minha missão

Também eu estive sempre preocupado em compaginar eleição e universalidade. No princípio, o vivia como questão intelectual: como cumpre afirmar a eleição no diálogo inter-religioso?; como se deve ter uma imagem de Deus Pai se tem preferências injustificáveis?

Meu processo de experiência crente me permitiu integrar vivencialmente peças que em minha cabeça ficavam distorcidas.

- A eleição ou escolha só é dom, não direito, nem propriedade, nem superioridade.

- A comunhão de amor com Deus só é verdadeira quando descubro que a forma suprema do amor é a obediência.

- Essa obediência é missão e, por isso, minha alegria maior é fazer de minha eleição amor de missão.

A mim não me toca saber por que razão o caminho do universal foi a escolha particular de Israel, de Jesus, da Igreja. *A posteriori*, resulta-me mais lógica: questão de amor. Como revelar melhor o amor a toda a humanidade que mediante o realismo concreto de um amor particular?

Mas minha própria experiência de escolha, ao percebê-la como graça, me fez evidente que Deus é maior do que a religião cristã, e que se autocomunica e salva de outras muitas maneiras.

Deduz-se, consequentemente, que dá no mesmo ser cristão ou muçulmano, budista ou hindu? Não. Só Jesus é a Palavra pessoal e definitiva do Pai. Por quê? Tens a prova, compara... Melhor: atreve-te a relacionares-te com ele. Basta-te um pouquinho de fé... "Vem e vê", disse Filipe a seu amigo Natanael (Jo 1,46).

8. Sou cristão porque toda a minha história é graça de Deus

Ao pé da letra, sem paliativos, puro favor de seu amor.

Em que ficou minha liberdade? Basicamente, em aceitar ser amado por graça.

Comprometi-me? Sem dúvida. Mas também meu esforço tem sido graça. Ele (Deus) tinha que fazer quase sempre contra mim.

Encantar-me-ia contar ao leitor como resisti com unhas e dentes a deixá-lo fazer e como se saiu com a sua. Tão misericordioso e fiel ele é.

9. Sou cristão porque minha fé me ajudou a pensar melhor

Com os anos cheguei a esta tese: o conhecimento do essencial (de Deus, especialmente) depende do processo de transformação da pessoa.

Se o conhecimento depende de uma racionalidade que necessita dominar a existência, quão pouco saberá de Deus e da condição humana!

Se o conhecimento depende de ser cientificamente neutro, quão pouco saberá da poesia, da beleza, do amor, da religião!

Se o conhecimento necessita fazer-se uma imagem de Deus à medida do homem, quão pouco saberá do Deus de Moisés e de Jesus!

- A fé me ajudou a fazer a hipótese (perfeitamente racional) de que Deus é livre e pode mostrar seu amor como ele quiser. O que faz que pense de Deus muito melhor.

- A fé em Jesus morto por nossos pecados me ajudou a conhecer a condição humana muito melhor do que todas as filosofias.

- A fé em Jesus ressuscitado me ajudou a pensar o corpo e a terra desde o futuro insuspeitado de "os novos céus e a nova terra".

- A fé na Eucaristia me ajudou a pensar que a solidariedade humana é mais profunda que a da espécie biológica e das relações interpessoais.

Como filósofo que sou, por profissão e por gosto intelectual, estava acostumado a pensar Deus, o homem e o mundo a partir do pensamento universal do ser. Com a fé cristã, penso cada vez mais no conjunto da história humana e do cosmo a partir de Jesus crucificado, Messias e Senhor, "loucura para os pagãos; mas, para os eleitos – quer judeus quer gregos –, força de Deus e sabedoria de Deus" (cf. 1Cor 1,23-24).

XV – O MODELO CRISTÃO DE SER PESSOA

53. Como se integram a fé e a autonomia da pessoa?

Florentino, homem de 38 anos.

A pergunta pressupõe que existe um conflito entre a fé e a autonomia da pessoa. Tens razão, Florentino. O conflito é próprio de nossa cultura ocidental, visto que conquistamos a autonomia libertando-nos de submissões que estavam ligadas à fé. Primeiro, foi a razão perante a teologia. Depois foi a ciência diante da Bíblia. Mais tarde, a sociedade perante a Igreja...

Pessoalmente, creio que a autonomia é uma das conquistas mais esplêndidas do espírito humano; mais ainda, creio que sem autonomia não existe fé verdadeira. Mas reconheço que não é fácil sua integração. É preciso fazer um processo no qual a pessoa descobre a obediência da fé como a forma mais elevada da liberdade.

A autonomia nasce de um processo no qual a pessoa se liberta das submissões que não lhe permitem ser ela mesma. Na adolescência tem de aprender a escolher. Ao ser adulta, tem de tomar a vida nas mãos, sendo fiel a si mesma. Isso repercute na fé: que deixa de ser um sistema ideológico de crenças e identificações com um grupo determinado para iniciar a aventura da personalização da fé. Conheces muitos crentes, Florentino, que fazem esse processo? Mas quantas pessoas conheces, igualmente, que em outros campos (o cultural, o político, o social) se atrevem a distanciar-se criticamente de seu mundo de adesões, para fazer um caminho no qual a verdade seja mais importante que a segurança?

Mas, se te fixas bem, esta autonomia está configurada pelo eu e não se liberta do eu. A liberdade pessoal necessita descobrir uma fonte mais elevada: a relação interpessoal do amor. Existe um amor infantil e adolescente que reforça dependências e não propicia a autonomia. Mas, se a relação com o outro não me faz sair de mim mesmo e, antes, a sinto como ameaça ("amor de contrato", deveria ser chamado), a liberdade termina na escravidão do egocentrismo. O verdadeiro amor interpessoal une na diferença, tira o melhor de cada um, promovendo o outro enquanto outro; mas sua fonte não é o eu, mas o amor, cabalmente. Nesse nível de liberdade já não falamos de autonomia nem de dependência.

Imagina agora, Florentino, que o Pai Absoluto te chama a uma história de amor inimaginável:

1) Chama-te tal como és. Se necessitas de segurança, o utilizarás descaradamente. Se necessitas de autoafirmação, o sentirás como ameaça.
2) Este amor requer confiar incondicionalmente, tal como ele se te dá, incondicionalmente. Aqui começa a fé propriamente dita: não é a adesão a algumas crenças, nem é a submissão a uma autoridade que se te impõe de fora.

Esta fé já é amor inicial e se nutre da história da entrega de Deus em teu favor. Aparecerão resistências de todo tipo, porque apelar para a tua autonomia não seria senão uma desculpa para teres tu a última palavra.

A liberdade cresce com a relação mesma, não fora dela.

3) Quando experimentares que o amor de Deus é salvador, que te liberta das escravidões radicais (o egocentrismo, as falsas seguranças, o medo da morte, a necessidade de te justificares mediante o cumprimento de normas...), então descobrirás a liberdade como obediência de fé.

Porque a autonomia só é requisito necessário para que a fé seja livre. A liberdade encontra seu horizonte de realização mais elevado quando se entrega e adora a majestade do amor do Pai Absoluto.

Conheces uma pessoa mais autônoma que Jesus de Nazaré? Não obstante, sua autonomia foi obediência de amor ao Pai até dar livremente sua vida.

O Pai me ama, porque dou a minha vida para a retomar. Ninguém a tira de mim, mas eu a dou de mim mesmo e tenho o poder de a dar, como tenho o poder de a reassumir. Tal é a ordem que recebi de meu Pai (Jo 10,17-18).

54. A história de Jesus é impressionante; mas, no dia a dia, os cristãos não são tão torpes como todos?

Loli, mulher entre 51 e 65 anos.

Quanta razão tens, Loli! Por trás de tua pergunta mantém-se uma afirmação certa: se a fé não é verdadeiramente amor ao próximo e com obras, é mentira. Além disso, parece-me perceber um matiz entranhável: efetivamente, somos bastante torpes! Mas deixa-me dizer-te que tua análise é insuficiente.

Uma coisa é o cristão batizado e sociologicamente praticante, e outra é o cristão motivado verdadeiramente por sua fé.

Torpes, Loli, somos todos. Talvez não saibas que a fé nos dá certa vantagem para ser bons; mas também certas desvantagens. Nem suspeitas que conhecer o Deus de Jesus provoca certos fundos escuros, que nas pessoas normais costumam ficar ocultos no depósito do coração.

Por outro lado, como medes tu a verdade e a coerência das pessoas? Que obras exiges? A vida te terá ensinado, sem dúvida, que sempre existe um desajuste entre o que se faz e as motivações reais, entre o que aparece socialmente e a qualidade de nossas vidas ocultas.

De todo modo, se te serve, te direi que eu nunca justifico minha fé por minha coerência ética, mas por Jesus. Ele sim é que viveu o que disse! Parece-me normal que uma pessoa que busca olhe para os cristãos; mas terá de ir mais longe e olhar com mais profundidade para Jesus. Do contrário, nunca chegará à fé.

Tu terás percebido que não apelei para os santos cristãos. Também fora do cristianismo existem. Têm o mesmo modo de realizar o humano que os de outras religiões e os agnósticos?

55. Um ideal tão elevado de vida como o cristão não exige demasiado e, a longo prazo, não é contraproducente?

Arantza, mulher de 42 anos.

Tenho um amigo psicólogo que, entre mentiras e verdades, me diz que não se faz cristão pela radicalidade e pelo ideal ético do Sermão da Montanha, por aquilo de "sede perfeitos como vosso Pai celestial é perfeito". Diz-me que aí reside o princípio de toda neurose, nas fantasias de onipotência, no voluntarismo moral que não aceita as limitações pessoais.

Tua pergunta, Arantza, toca um ponto nevrálgico da vida cristã. Quando se pede o mais, se termina no menos. É a razão pela qual muitos jovens idealistas, que durante anos participam de nossos grupos cristãos, quando se casam e trabalham não sabem compaginar o ideal cristão e a realidade diária, e terminam deixando a fé ou acomodando-a a seus interesses. Quando chega a crise de realismo, a partir dos 40 anos, essa crise de ideais se torna aguda e chega a desorientar o sentido da vida. Alguns mantêm com perseverança e teimosia seus compromissos de radicalidade, mas já não acreditam neles.

Se não tens um processo personalizador da fé, te chocarás com minhas propostas. A tese de fundo é muito simples: o crente não pode deixar de viver com cunho radical, mas tem de descobrir que a realidade, com suas limitações, é mais radical que seus ideais. Descobri-lo implica o que na linguagem cristã se chama "a vida teologal". A fé não é nem idealista nem realista, Arantza.

Se não se produz essa vida nova, com efeito, o ideal cristão termina sendo contraproducente e, em alguns casos, pode reforçar as tendências neuróticas de algumas pessoas.

56. O cristianismo fala da Graça, de que Deus é aquele que nos liberta. Onde fica minha responsabilidade?

Julen, homem de 43 anos.

Responsável é a pessoa livre com capacidade de resposta.

- Posso responder a partir de mim, apoiando-me em minha vontade e meu esforço. O Evangelho me propõe uma conduta e eu me comprometo a colocá-la em prática.

- Posso responder a partir dele, consciente de minhas limitações, e esperando que me ajude.

O que acontece é que minha liberdade está escravizada. Por mais esforços que faça, existem coisas, as mais importantes, que não posso, por exemplo: amar desinteressadamente, esquecer-me de mim mesmo, não pretender dominar a existência, não assegurar o futuro, deixar a Deus a iniciativa de minha vida, deixar-me amar gratuitamente... Por isso a Bíblia fala de "salvação".

Que responsabilidade tenho diante da salvação?

1) Reconhecer que minha liberdade não pode.
2) Receber, acolher que Deus me salve por graça.
3) Descobrir que minha liberdade libertada é incomparavelmente melhor que minha liberdade responsável.

Minha responsabilidade não fica anulada, mas ressituada, libertada e transformada. Por isso, Graça e responsabilidade não se opõem. A Graça ressitua a responsabilidade na dinâmica do dom. Nada responsabiliza tanto como ser amado e que o que me ama não necessite de correspondência.

57. De que Deus me liberta efetivamente?

Lucía, mulher de 25 a 30 anos.

São Paulo diria lapidarmente que fomos libertados do pecado, da morte e da lei. Mas o que tu pedes, Lucía, é que uma frase assim tenha conteúdos concretos. Vamos ver se posso concretizar o real e eficaz que é a libertação que Deus nos trouxe com Jesus morto e ressuscitado.

a) *Libertados do pecado*

- O perdão liberta radicalmente. Mas para isso é preciso que eu sinta que ofendi a Deus e que me opus a seus projetos. Quando não existe consciência de pecado, também não existe a de libertação.

- A experiência de confiar em Deus liberta da necessidade de controlar a existência.

- Colocar nas mãos de Deus meu futuro, o dos meus e o da humanidade toda liberta da angústia da finitude.

- Experimentar que sou amado gratuitamente me dignifica como pessoa e me permite viver o outro para além de sua conduta, de sua cultura, sua raça ou sua religião.

- Posso ter paz mesmo sabendo que ainda não me libertei completamente do pecado.
- Ser de Jesus e para Jesus... como explicar que se trata de uma vida de amor que vence o pecado e a morte?

b) *Libertados da morte*

- Da morte como final da existência, de modo que o sonho de imortalidade dos humanos se realize, efetivamente. Depois de mortos, desde aí, há vida eterna.
- Libertados do medo da morte, que nos angustia consciente ou inconscientemente, de mil formas: necessidade de acumular riqueza ou fama, incapacidade de ver além de nossos sentidos, apropriação compulsiva do que temos ou pensamos...
- A angústia e a falta de sentido que produz o sofrimento.

c) *Libertados da lei*

- Quando a obrigação de cumprir as exigências de Deus introduz uma dinâmica insuportável de culpa.
- Quando estamos escravizados pela necessidade de justificar nossa vida diante de nossa própria consciência.
- Quando nossa relação com Deus está mediatizada pela nossa conduta, incapazes de crer que somos amados e salvos por Graça.

Estranharás, Lucía, que uma libertação assim seja tão pessoal. Com efeito, depois de dois mil anos, não parece que o cristianismo tenha solucionado os problemas da humanidade. Deixa-me dizer-te que a libertação que Jesus traz não é simplesmente interior, nem particular, mas que, sendo pessoal, é particular e pública, interior e social. Por sua própria radicalidade, necessita de um tempo para que se vejam seus efeitos na humanidade. És capaz de vê-los tu, Lucía, depois de dois mil anos?

XVI – PRESSUPOSTOS PARA SER CRISTÃO

O entrevistado acrescenta esta parte porque, ao passo que apresentam as perguntas e as respostas, crê que é necessário dizer algo sobre estes pressupostos.

Precisa-se de pressupostos psicológicos?

Alguns são indispensáveis. Por exemplo, para confiar em Deus é preciso que a pessoa tenha capacidade de confiar em outras pessoas sem necessidade de controlá-las. Por isso, matizemos: a tendência a controlar é normal; o negativo é que a tendência te domine de tal maneira que bloqueie as relações.

A fé requer que a racionalização não seja um mecanismo de defesa. É senso comum não te entregares a alguém se não te dá motivos para isso. Mas existem pessoas que necessitam de provas científicas, demonstrações irrebatíveis, por exemplo sobre a pessoa histórica de Jesus. Essa necessidade dá a entender que se refugiam no racional para proteger a si mesmas, para não aceitar a possibilidade de uma nova proposta da vida.

Existem pressupostos psicológicos que não são indispensáveis, por exemplo ser equilibrado ou ter tal autonomia pessoal, que não se dependa de nenhuma autoridade. Não obstante, trabalhar a maturidade psicológica sempre ajuda à maturidade da fé, com uma condição: que não seja uma armadilha para centrar-se em si mesmo, evitando aceitar a hipótese de ser amado ou amada por Deus.

Precisa-se, certamente, de alguns pressupostos existenciais

1) Atitude de autenticidade.

Uma pessoa é autêntica quando prefere verdade a segurança. Porque existem pessoas irrepreensíveis, às quais não cabe colhê-las em falta; mas que utilizam a conduta ordenada para evitar o risco de se equivocar e para evitar perguntas que lhes produzam insegurança.

Autêntica é a pessoa fiel a si mesma acima de convenções e das normas da autoridade, e inclusive da ideologia do grupo de pertença.

2) Sensibilidade com o outro.

Respeitar e valorizar a pessoa em si mesma, compadecer-se do necessitado, implicar-se nas relações interpessoais... O mundo da fé cristã é o do amor.

Precisa-se de pressupostos espirituais?

1) Capacidade de interioridade, desde logo. Não qualquer interioridade, mas aquela que nos abre mais além de nós mesmos, para o Mistério que nos ultrapassa, ao que as religiões chamam Deus, seja ele Absoluto ou o Absoluto.

2) Se a pessoa que pergunta e busca Deus tem um mínimo de fundo afetivo (recebido talvez na infância e na adolescência), e que mesmo agora só esteja latente no depósito da consciência, é um grande pressuposto para a experiência cristã. Poderá rezar em relação real com Alguém vivo, mesmo que tenha dificuldades.

Para se relacionar com Deus, basta ter um milionésimo de fé.

Pode-se rezar inclusive sem fé, contanto que se aceite a hipótese de que Deus quer se aproximar de nós e estabelecer relação conosco: "Senhor, se existes, revela-te".

Às vezes se diz que, para rezar, primeiro é preciso crer. Mas seria preciso dizer, igualmente: "Para crer, primeiro é preciso rezar". A verdade é que não há um primeiro e um segundo. Crer e rezar vão de mãos dadas. O que importa é ter um ponto de partida, uma situação que propicie o início.

Que situação vivida, não teórica, está sendo tua plataforma para que tuas perguntas sobre Deus te afetem realmente? Se pudesses rezar a partir dessa situação, sem submeter à suspeita tua oração... Uma frase curta, que te saia do coração, tua, verdadeiramente tua.

XVII – SOBRE A ORAÇÃO

58. Eu distingo entre rezar e orar. É correta a distinção?

Aitxuri, mulher de 26 a 35 anos.

Suponho, Aitxuri, que para ti "rezar" é recitar, dizer orações aprendidas ou lidas, e que orar é ficar em silêncio e meditar, algo mais íntimo e pessoal.

Para a fé cristã, a questão é outra: tanto se rezas como se oras, com Quem te relacionas.

Conheci uma religiosa contemplativa cuja oração consistiu, durante mais de vinte anos, em rezar o Pai-nosso devagarinho, muito devagarinho. E conheço cristãos e cristãs que confundem o zen com a oração.

A distinção que estabeleces entre rezar e orar tem máxima importância quando se progride na relação com Deus. A maioria recita orações de manhãzinha, ao se levantar, ou de noite, ao se deitar. Costume muito valioso, se não for uma repetição mecânica, mas relação viva com o Deus vivo. Alguns, não demasiados, por infelicidade, descobriram a oração como relação de intimidade com Deus.

Fazem-no durante vinte minutos ou uma hora com variedade de métodos que ajudam o recolhimento.

Para que a fé seja relação transformante com Deus, o caminho é a oração. Santa Teresa definiu-a admiravelmente: "Tratar de amizade com Aquele que sabemos nos amar". Traduze-o: "Viver intimidade de amor com o Deus amante".

Rezar e orar não são uma obrigação, nem mesmo uma prática religiosa, mas um dom, um presente que Deus nos dá de chamar-nos a sua presença e sua intimidade.

59. Quando se reza, por que é preciso pedir algo se somos nós os responsáveis pelo que pedimos?

Joseba, homem de 43 anos.

De novo, opõe-se ação de Deus e responsabilidade do homem. Confusão grave, visto que Deus, como explicamos mais acima, não é a primeira Causa onipotente e onisciente entre outras causas.

Deus não está fazendo o que nós temos de fazer; melhor, Deus faz tudo, possibilitando que nós o façamos e fazendo o que nós não podemos fazer.

Quando peço, Joseba, que desapareça a fome no mundo, me comprometo com isso; mas reconheço que Deus é o Senhor de toda a realidade e confio em sua providência. Como o fará? Não sei. Que o fará comigo, isso sei. E que o fará apesar de mim, também.

Pedir é reconhecer que a última palavra pertence a Deus e saber, com certeza de fé, que estamos em boas mãos.

Por que temos a sensação de que não atende a nossos pedidos, que de nada serve pedir, que o que é preciso fazer é agir? Porque queremos controlar a ação de Deus em função de nossos interesses. Quando te parece que te abandona e, apesar de tudo, confias, depois de certo tempo comprovas que o fez muito melhor do que esperavas. Não o comprovaste nunca?

Dou-te um referencial fundamental, Joseba: Jesus pediu ao Pai que o libertasse da morte; mas não o fez. Teve de passar pelo abandono e pela noite mais escura. Deus, seu Pai, fez algo incrivelmente melhor; ressuscitou-o e lhe deu o Reino.

Existem coisas que pedimos e nas quais se compromete nossa responsabilidade; mas existem coisas que pedimos e que só Deus as faz. A nós nos toca pedir confiantemente. Isso é o que Deus quer, que lho peçamos. Mais ainda, às vezes subordina sua intervenção a que lho peçamos. Acreditas? Que Deus tão Pai e tão livre ao mesmo tempo!

Por exemplo, eu procuro, Joseba, esclarecer-te coisas; mas não posso te dar fé na providência de Deus.

Todo este livro está atravessado por este paradoxo: convém explicar quem é Deus e como age; mas, definitivamente, compreender certas explicações depende da luz própria da fé, ao menos inicial.

60. Em que se distingue a oração cristã de outras formas de oração, por exemplo as que as religiões orientais ensinam?

Pergunta de Felipe, homem de 46 anos.

XVII. Sobre a oração

Poder-se-ia responder, Felipe, de modo resumido, desta maneira:

- A oração cristã é escuta, fé que acolhe a palavra de Deus que se autocomunica.

- E por isso mesmo um tipo de relação de amor com o Deus de Moisés, o Pai de Jesus de Nazaré.

Enquanto experiência religiosa, tem muitíssimas coisas semelhantes com as religiões que apresentam um Deus pessoal; por exemplo, as diversas formas da *bakhti* ("devoção") no hinduísmo. A diferença com o budismo *theravada*, o primitivo, é muito maior, porque este não conhece a relação com um Deus pessoal.

Existem também muitas semelhanças no processo de experiência. As religiões orientais falam de purificação, iluminação e união, como nossos místicos.

Mas aí está a armadilha, Felipe:

- Em valorizar a experiência e não a relação, que sempre é transexperimental.

- Em que o conteúdo da relação, na fé cristã, é o Deus revelado na história de Israel, de Jesus, da Igreja.

Por exemplo, quando chamo a Deus *Pai*, encontro o mesmo nome em outras religiões. Mas o que importa não é o nome, e sim a relação que Jesus teve com o Abá (Pai). Quando falamos de união com Deus, a descrição da união entre *brahman* e *atman*, que se faz nos *Upanishads*, e a que faz João da Cruz na *Noite* têm multidões de traços comuns. Mas a dinâmica é muito diferente: o hinduísmo busca transcender a multiplicidade para alcançar a realidade do Uno; no judeu-cristianismo, a união com Deus se realiza na obediência de amor, que nos chama a entregar a vida, como Jesus, em favor dos irmãos.

Já o dissemos mais acima: o que diferencia o judeu-cristianismo de outras religiões é o caráter histórico da revelação de Deus e, nuclearmente, a centralidade da pessoa de Jesus. O que se traduz na oração. Jesus não é o símbolo do divino manifestado (Krishna), mas Deus feito homem. Toda a existência e, certamente, a oração se concentram na relação com ele e na relação que ele tem com o Pai no Espírito Santo.

Sou consciente, Felipe, de que aqui reside o escândalo da oração cristã. É mais plausível, à primeira vista, uma filosofia religiosa do homem que penetra no mistério de Deus por graus de iluminação interior. Porém, se a Deus ocorreu descer a nós e comunicar-se conosco humanamente?

> *Ninguém jamais viu Deus. O Filho único, que está no seio do Pai, foi quem o revelou (Jo 1,18).*

Por isso, a oração cristã é, essencialmente, escuta, e escuta de Jesus, a Palavra definitiva de Deus ao mundo.

61. Tem a ver a oração com o modo de ser pessoa?

Mikeli, mulher de 20 a 28 anos.

Parece-me, Mikeli, que tua pergunta dá a entender sensibilidade e intuição. Com efeito, existe uma relação direta entre a oração e o modo de ser pessoa.

- A oração significa que aceito minha finitude diante do Absoluto.

- Mas que considero que o Absoluto é, não um ser abstrato, mas alguém vivo com quem posso me relacionar, pedindo, admirando, rendendo graças...

- Antropologicamente, a oração significa que descubro que as melhores capacidades da pessoa humana se realizam no âmbito não utilitário, na receptividade: escutar, comunicar-se, amar-se...

Talvez conheças o que conta o evangelista Lucas da visita de Jesus a Marta e Maria.

> *Estando Jesus em viagem, entrou numa aldeia onde uma mulher, chamada Marta, o recebeu em sua casa. Tinha ela uma irmã por nome Maria, que se assentou aos pés*

do Senhor para ouvi-lo falar. Marta, toda preocupada na lida da casa, veio a Jesus e disse:
– Senhor, não te importas que minha irmã me deixe só a servir? Dize-lhe que me ajude.
Respondeu-lhe o Senhor:
– Marta, Marta, andas muito inquieta e te preocupas com muitas coisas; no entanto, uma só coisa é necessária; Maria escolheu a boa parte, que não lhe será tirada (Lc 10,38-42).

Maria se mostra egoísta, até que descobrimos seu segredo: ser discípula, receber de Jesus a palavra que vem de Deus, fonte do coração e de todo o agir. O importante não é o que se faz, nem como, e sim a partir de onde.

O texto não opõe oração a ação, nem considera que os ativos são discípulos de segunda categoria. Opõe inquietação e necessidade de fazer coisas à escuta e à obediência de fé, a receber de Deus a vida.

Contudo, Mikeli, a oração tem seus próprios tempos.

• Presta-se a que a pessoa se refugie nela fugindo da realidade.

• Pode alimentar o narcisismo.

• Reforçar a imaturidade, buscando bem-estar sem conflito.

Como em tudo, a oração tem por critério a transformação da pessoa, que, sendo interior, deve ser igualmente social. Já sabes, no judeu-cristianismo não tem cabimento separar o amor de Deus do amor ao próximo.

XVIII – O ESCÂNDALO DO SOFRIMENTO

62. Se Deus existe e é bom, por que permite tanto sofrimento?

Ainara, mulher de 35 a 48 anos.

A pergunta que atormenta tantas consciências... O sofrimento escandaliza, é a pedra de tropeço para os que querem crer.

Por quê? Pergunta racional e, ao mesmo tempo, emocional, porque deixa sem sentido nossa compreensão de Deus. Aquele famoso argumento: "Se Deus existe, tem de ser bom; se permite tanto sofrimento, não tem direito de existir".

Exigimos respostas, e nos encontramos com o silêncio. Toda afirmação teórica sobre a bondade de Deus se esborracha contra a realidade do sofrimento.

O sofrimento existe, e, não obstante, o experimentamos como o que não deve existir. Não deve morrer uma mãe jovem que deixa três filhos pequenos e um marido desolado. Não deve existir o corruptor de menores. Não devem morrer de fome na África milhões de homens e mulheres, quando seria tão fácil solucionar a fome se os países do primeiro mundo no-lo propuséssemos. Por que a tortura que se aplica de maneira cruel ao prisioneiro de guerra?

Com frequência, as ideologias religiosas têm fabricado respostas: o pecado primeiro de Adão e Eva, o equilíbrio necessário do cosmos entre vida e morte, o caminho que devemos percorrer para ser purificados e alcançar metas mais altas do espírito... Mas nada justifica que uma criança de 4 anos veja violar e assassinar sua mãe.

Diante do sofrimento, a fé se cala e não busca respostas lógicas. Confia e se agarra à confiança sem entender nada.

Se alguma religião tomou a sério o sofrimento, Ainara, é o judeu-cristianismo. Que é que faz Deus?

- Às vezes salvou do sofrimento: os escravos do Egito, os deportados de Babilônia, os enfermos e excluídos da Galileia...

- Mas não o suprimiu, pois o Reino, que já chegou com Jesus morto e ressuscitado, passa pelo sofrimento e o transforma em caminho de esperança e de vida nova.

- Deus não ficou nas nuvens, vendo-nos sofrer e agindo compassivamente às vezes. Deus se fez homem, compartilhou nossa condição humana até o final. Aí está, na cruz, homem das dores.

Nossa pergunta "por que tanto sofrimento?" se refaz às avessas: "por que o sofrimento de Deus, do único inocente, Jesus, o Filho?". Quem tiver destemor para olhar o Crucificado não encontrará a resposta lógica; mas poderá olhar o sofrimento com outros olhos.

Como cristão que sou, tive de fazer um longo caminho:

- Primeiro, tive de aprender a aceitar a realidade. Não existe vida humana sem sofrimento.

- Depois, aprendi a não entender, a confiar.

- Olhando o amor de Deus na cruz de Jesus, pouco a pouco compreendi que o sofrimento tinha a ver com o amor.

- Agora consinto no sofrimento, procurando ser discípulo de Jesus, que, "embora fosse Filho de Deus, aprendeu a obediência por meio dos sofrimentos que teve" (Hb 5,8).

A mais de uma pessoa terá parecido resignação passiva. Não tem nada a ver.

Quando olho para o Crucificado (sei que morreu por meus pecados e pelos do mundo inteiro), não posso deixar de me perguntar que relação existe entre o sofrimento, o amor e o pecado. Reconheço que necessitei de muito tempo para entender, entre luzes e sombras, o mistério que os correlaciona. Permitam-me o leitor e a leitora interromper aqui a resposta, visto que o tema do pecado leva-nos a falar dele mais adiante.

63. Revolto-me contra o sofrimento de qualquer inocente. Como pode ter sentido?

José, homem de 26 a 38 anos.

Eu também. Sem esta indignação ética, não somos pessoas. A vida de um inocente tem sentido por seu próprio valor. É normal que seu sofrimento provoque incompreensão.

Que posso dizer-te, José?

Só posso te apresentar Jesus, o homem bom que passou a vida fazendo o bem, que libertou os oprimidos, que pregou a fraternidade universal e o amor não violento, e que foi torturado, escarnecido e atraiçoado. Se te parece que seu sofrimento não tem sentido, entendo que nenhum o tenha. Mas para mim, cristão, sua morte é que dá sentido ao sem sentido do sofrimento de todos os inocentes.

Questão de fé? Evidentemente. Se a última palavra a têm o sofrimento e a morte, teria sentido a existência humana?

Nem mesmo eu veria, José, o sentido de sua morte se não tivesse ressuscitado. Diante da morte de um inocente ou de um criminoso, só nos resta o silêncio do incompreensível e a fé na ressurreição de Jesus, o inocente.

64. Onde está Deus quando morre um filho teu?

Paulino, homem de 53 anos, do qual morreu de câncer um filho de 34 anos.

Deixa-me ficar calado junto de ti, Paulino, sem te dar nenhuma resposta.

Necessitas de tempo para assumir semelhante golpe e elaborar o luto.

Mais tarde, se fores crente, deixarás nas mãos de Deus a morte de teu filho. E mais tarde te atreverás a falar com teu filho, a quem não perdeste definitivamente.

Se não és crente, te despedirás dele, ficar-te-á um vazio profundo e doloroso, e tu continuarás dando vida.

Onde está Deus? Acompanhando-te, Paulino, compartilhando contigo teu sofrimento. Também ele perdeu seu filho Jesus. É verdade que o recuperou ao ressuscitá-lo. Tu também o recuperarás, Paulino, um pouco mais tarde. Enquanto isso, Deus te dá paz, uma paz que não te tira a dor, mas que é o sinal de que teu filho vive de outra maneira.

Eu sei, Paulino, dizer palavras de consolação é fácil. O difícil é ter consolo diante de semelhante perda.

65. Como transformar o sofrimento em caminho de esperança?

Felisa, mulher de 47 anos.

Espero que as reflexões anteriores te ajudem, Felisa. Vou completá-las com algumas observações.

A elaboração positiva do sofrimento não se faz sem certos pressupostos humanos, por exemplo:

- A pessoa que necessita ser feliz sem frustrações tem de aprender a aceitar positivamente que a realidade não corresponda a seus desejos.

- O sofrimento passa por momentos nos quais só se vê o túnel escuro, sem saída. É preciso esperar, dar tempo, distanciar-se por dentro da sobrecarga emocional da angústia.

A questão central é a seguinte: onde fundamento eu o sentido da existência? Precisamente, o sofrimento obriga a perguntar:

- Tem sentido nascer pobre, sem os mínimos recursos econômicos? Depende de se é o econômico que fundamenta ou não o sentido da minha vida.

- Tem sentido um filho com a síndrome de Down? Depende de se é o amor incondicional que fundamenta ou não o sentido da minha vida.

- Tem sentido a morte de um inocente? Depende de se eu fundamento ou não o sentido da vida no que nós controlamos.

- Tem sentido o pecado? Depende de se eu fundamento o sentido da vida em poder justificar minha vida ou em ser amado e perdoado gratuitamente por Deus.

Transformar o sofrimento, Felisa, em caminho de esperança depende de qual é, realmente, o fundamento de sentido. Porque existem crentes que, ideologicamente, têm claro que a esperança cristã tem como horizonte a felicidade eterna; mas quando lhes toca uma enfermidade longa aparece com clareza que as ideias não lhes servem. Existem agnósticos que fundamentam o sentido da existência em amar solidariamente e em compartilhar o sofrimento, e é admirável sua capacidade de esperança; mas não sabem o que fazer com a morte. E existem verdadeiros discípulos de Jesus que fizeram, cabalmente, do sofrimento o caminho do amor e da esperança.

XIX – SOBRE O PECADO

XIX. Sobre o pecado

66. Nunca entendi o pecado original. Como pôde Deus fazer-nos assim?

Juan José, homem de cerca de 30 a 40 anos.

A crença do pecado original prestou-se e se presta a muitas confusões:

- Alguns a associam à queda de Adão e Eva, descrita no Gênesis. Mas hoje sabemos que a página bíblica não conta o que aconteceu, mas sim o que acontece permanentemente. Trata da condição humana universal; não é história, mas meditação.

Muitas filosofias e religiões chegaram a essa conclusão: que a pessoa humana está lastreada por seu passado, por algum princípio do mal, pelo pecado...

- Outros a confundem com uma espécie de "pecado estrutural". Assim como existem situações diante das quais as pessoas não podem fazer nada, porque as estruturas as condicionam, outro tanto ocorre à humanidade perante Deus.

Tua pergunta, Juan José, supõe que nascemos com pecado original e que, em consequência, nossa liberdade não entra em jogo e é preciso atribuí-lo a Deus. Que maneira tão fácil de chutar a bola para fora do campo!

Vou colocar um exemplo. Eu devo amar desinteressadamente, porque minha consciência mo pede; mas não posso. Se devo, é questão de liberdade; não é questão de nascimento. Mas não posso. Basta-me pensar o difícil que se me torna amar aquele que não me interessa. Então, que é que acontece? Recordas o que dissemos da liberdade escravizada? Minha opinião segue por aí. A liberdade é boa, mas está "encurvada" sobre si mesma, incapaz de sair de si para o outro livremente.

Não é preciso recorrer a uma explicação sobre a origem dessa liberdade escravizada. Mais importante é tomar consciência de que o pecado original nos agarra a ti e a mim. E isso se vê em:

- Como faço da liberdade um motivo para me sentir como Deus.

- Como não aceito a limitação como dom, mas como uma humilhação.

- Como o outro é para mim ameaça.

- Como me fascina o desejo e me cega para não aceitar a realidade.

Mas é preciso reconhecer que a força do pecado original só se experimenta quando Deus chega a nós com seu amor salvador e nós resistimos até a obstinação. Basta ler a relação entre Israel e o Deus da aliança, ou como Jesus foi rejeitado (e é rejeitado) porque não respondia (nem responde) a nossos desejos.

Não, não é culpa de Deus o pecado original. Não é natural, mas antinatural que eu queira ser como Deus e que me revolte contra minha finitude, não aceitando limites a minha liberdade. Fascinação e autoengano diante do dom mais precioso da pessoa, sua liberdade! Que incapacidade de receber o amor de Deus!

Atrevo-me a fazer-te uma pergunta, Juan José, que talvez não tenha a ver contigo, mas sim com muitas perguntas que se fazem neste livro: não acreditas que muitas perguntas ocultam o pecado original latente, a necessidade de controlar a existência e a incapacidade de confiarmos em Deus?

67. Tanto falar do pecado não provoca uma imagem atormentada da vida cristã e de Deus?

Pergunta de Lucía, mulher de 37 anos.

Realmente, é notória a onipresença do pecado na Bíblia, e não só no Antigo Testamento. À primeira vista, superficialmente, a religião judeu-cristã produz uma imagem negativa de Deus e da existência do crente. Outras religiões parecem celebrar mais e melhor a espontaneidade da vida, da natureza e do prazer.

Não o nego, Lucía. Mas teria de aprofundar mais na realidade do pecado.

- Quando o pecado está associado à negação do prazer e se confunde com a culpabilidade psicológica, se essa ideia se projeta em Deus, as consequências são nefastas: um Deus castrador e uma relação com Deus que promove pessoas inibidas.

Na catequese cristã de algumas décadas (e ainda em alguns contextos), não era rara essa experiência neurotizante do pecado e da relação com Deus.

- Quando a relação com Deus depende do cumprimento estrito de suas normas, as que vêm diretamente de Deus (como podem ser os 10 mandamentos), ou as impostas pelos códigos sociais que controlam a pessoa em todos os âmbitos de sua conduta (e acima se diz que vêm de Deus), então a experiência religiosa limita a autonomia da pessoa. Não é estranho que as pessoas com uma ética que salta das normas, mas mantêm os valores e as atitudes e os grandes imperativos (ser justo e honrado, tomar decisões conscientemente, valorizar a pessoa como fim e não como meio etc.), tenham deixado a fé porque a associavam a certa Igreja reacionária a uma ética da liberdade.

Mas quando o pecado é a plataforma privilegiada para conhecer o amor gratuito e absoluto de Deus, longe de produzir negatividade e atitudes malsãs, produz uma paz inexplicável.

É preciso fazer um processo em dois movimentos, Lucía:

1) Descobrir o que é na verdade o pecado (para o que recomendo a leitura da pergunta seguinte).
2) Descobrir a graça salvadora de Deus revelada em Jesus "morto por nossos pecados".

Sem esse processo o pecado se presta às perversões mais daninhas das consciências e também da imagem de Deus.

Conheces, Lucía, a "carta magna da liberdade cristã" que é a Carta aos Gálatas, de São Paulo? Para entendê-la por dentro, é necessário muito mais que maturidade psicológica.

68. Que é verdadeiramente o pecado?

Jon, homem de 36 a 50 anos.

As pessoas comentam: "Antes, tudo era pecado; agora já não sabemos o que é pecado". É bom libertar-se de uma concepção do pecado que se confunde com a culpabilidade psicológica, ou do pecado em sentido de "falta" por ter rompido certas normas (mesmo que os humanos sempre necessitemos de uma sabedoria sobre o bem e o mal). O mal é que, quando a pessoa tem um processo de autolibertação, com frequência perde o sentido do pecado e não descobre que o pecado verdadeiramente sempre está conosco e, além do mais, mascarado.

Permito-me, Jon, dar-te uma lista dos pecados de verdade, dos que não se confessam e dos que os cristãos mais adultos apenas têm consciência.

- Viver o que somos e temos como algo normal, de propriedade particular, e não recebê-lo como dom.

- Evitar desproteger-se face a face com Deus.

- Não se interessar pela história de amor que Deus mantém conosco.

- Julgar o próximo em função de nossos interesses, ideologia, raça, religião... e não como pessoas valiosas em si mesmas.

- Evitar a proximidade com o necessitado, preferindo a própria comodidade.

- Escutar a Bíblia como se não tivesse nada a ver comigo.

- Utilizar o amor de Deus como um "seguro afetivo", do qual podemos dispor.

- Olhar para Jesus crucificado e não me inteirar de que morreu por causa dos meus pecados.

- Em vez de confiar em Deus, controlar a existência e justificar esse controle apelando para a responsabilidade.

Queres que continue, Jon?

Já vês que esses pecados são reais, mas não nos interessa vê-los. Reconhecê-los supõe uma mudança de atitude.

Existem pessoas que, com a melhor boa vontade, estão aprisionadas por uma educação malsã do pecado. É preciso acompanhá-las em seu processo de libertação. Libertados de certas listas, descobrem a verdadeira lista, aquela que tem a ver com a relação com o Deus do amor. Paradoxalmente, o novo descobrimento do pecado, muito mais radical que o aprendido por normas, não lhes tira a paz.

Existem pessoas que racionalizam o pecado, explicam-no apelando para as limitações humanas, e terminam tapando (reprimindo, poderíamos dizer) a verdade da condição humana de cada um de nós. Nenhuma libertação psicológica (certamente, necessária) alcança a libertação existencial e espiritual que produz a experiência da salvação por graça, que se nos dá pela fé em Jesus.

69. Às vezes tenho a impressão de que me faço perguntas sobre a fé porque não quero crer. Que te parece?

Arantxa, mulher de 38 anos.

Já é muito, Arantxa, que descubras que pode ser assim.

Nas coisas de Deus, nenhuma pergunta é neutra. Com efeito, existem pessoas que perguntam com plena honradez, buscando luz. Mas outras perguntam para se defender, para continuar se apoiando em si mesmas, evitando que Deus entre em suas vidas.

XX – POR QUE E PARA QUE A IGREJA?

Sobre esse tema é que se derramaram mais perguntas. Tivemos de selecionar a problemática e agrupar as perguntas.

70. Por que tenho de crer na Igreja? Só creio em Jesus.

Alaitz, mulher de 36 anos.

Eu também, Alaitz, só creio em Deus Pai, em Jesus e no Espírito Santo, não na Igreja. Mas creio:

- Que a Igreja é *una*, embora tenha muitas igrejas e muitas divisões internas.

- Que a Igreja é *santa*, embora cada um de seus membros sejamos pecadores.

- Que a Igreja é *católica*, embora seja tão latina e tão pouco inculturada.

- Que a Igreja é *apostólica*, embora esteja tão afastada de suas origens.

Entendo muito bem os que sentem a Igreja como obstáculo para crer! Mas a solução não está em dissociar Jesus de sua Igreja, porque esta é seu corpo, como se repete tantas vezes no Novo Testamento. Seria separar a cabeça do corpo. Em um primeiro momento tu te tranquilizas, porque te parece que manténs a fé. Mas não demoras a constatar que a fé para ti morre, que confundes a fé com uma experiência religiosa feita na medida de tuas ideias. De quem recebes a fé em Jesus, a não ser da própria Igreja?

Já te estou ouvindo, Alaitz: "Não, o que acontece é que não creio na hierarquia, nos padres; continuo acreditando nos que são fiéis a Jesus e vivem o Evangelho, e incluo aí alguns padres". Mas esqueces que Jesus escolheu como chefe de seus discípulos Pedro, que o negou covardemente. Mais ainda, terias de te perguntar por que essa Igreja, que tem de tudo (discípulos admiráveis de Jesus e hipócritas indesejáveis), sempre foi assim. No fim de certo tempo chegarás à conclusão de que Deus a quer assim.

Não fazemos nenhum favor à Igreja quando procuramos justificar o injustificável. Poderíamos fazer uma longa lista: o abuso de poder, sobretudo nas consciências, a justificação da violência, a intolerância religiosa, a conivência com os poderosos, a covardia diante da injustiça, a rigidez em questões discutíveis, a ansiedade por dinheiro etc. Deveríamos ser testemunhas de Jesus e não somos mais que testemunhas da miséria humana.

Não obstante, o problema da fé é outro: se sou capaz de olhar mais fundo. Porque não se crê na Igreja, mas a Igreja é questão de fé.

Não vejo outro caminho senão o de educar o olhar; e, efetivamente, a Igreja é um dos testes mais evidentes da fé. Vou te oferecer, Alaitz, algumas pistas.

1) Se teu olhar se detém no aparato institucional, tens demasiadas razões para não aceitar a Igreja. Mas se teu olhar percebe que o que recebes mediante a instituição são as riquezas de Cristo ressuscitado... Basta a ti pensar na Bíblia e na Eucaristia.

Situa-te em uma Eucaristia dominical. Uma assembleia de idosos, homens e mulheres, que falta de entusiasmo, o padre diz muitas bobagens quando comenta o evangelho... Bem, mas é aí que Deus, fielmente, se entrega, e o que comemos e bebemos é o corpo, é o sangue de Jesus ressuscitado. Que faríamos nós sem a palavra de Deus? Estaríamos perdidos, irremediavelmente.

Da Igreja recebemos muito mais do que lhe damos.

2) Existem momentos, inclusive temporadas longas, nos quais minha experiência de fé se obscurece e não me ajuda em nada agarrar-me à minha experiência. Sabes o que faço? Vou a uma igreja e contemplo um painel onde se me narra a história do amor de Deus revelado em Israel, Jesus, a Igreja, e contemplo as figuras de nossos mártires e de nossos santos... Nesses momentos obscuros, quando participo da Eucaristia, impressiona-me o que ali se diz e se faz, o realismo da fé que vem de Pedro e Paulo... Minha fé pessoal se nutre, se enraíza na fé da Igreja. No coração dessa comunidade, a de Jesus, existe alguém muito especial, sua mãe Maria, a que viveu sua fé intacta no meio da escuridão, e a ela peço me fortaleça em minha fragilidade... A isso chamamos nós cristãos "a comunhão dos Santos". É real, maravilhosamente real.

Com isso, que quero eu dizer-te, Alaitz? Que viver a Igreja como dom de Deus exige um processo interior, o próprio da maturidade crente. Em outras épocas, crer em Jesus e crer na Igreja formavam uma unidade indissolúvel. Hoje, não, e me atrevo a dizer: graças a Deus!, porque nos permite não sacralizar a Igreja. Esta é só uma mediação para a fé, mediação querida por Deus e necessária.

Assim, certo distanciamento crítico em relação à Igreja é positivo e favorece o amadurecimento da fé. Outra coisa é escudar-se na crítica à Igreja para justificar a atitude que não busca. Contudo e apesar de tudo, a Igreja nos remete a Jesus. Por que algumas pessoas utilizam a Igreja para evitar Jesus?

71. Pode-se crer em uma Igreja com tanta contradição com o modo de agir e a mensagem de Jesus, e tão distante da realidade das pessoas de hoje?

Patxi, homem entre 36 a 50 anos.

Com o que foi dito anteriormente, não resolvo, Patxi, a dificuldade que expressas, mas talvez te abra um caminho de resposta. Encontrar-te-ás com mais de um cristão ou cristã que se empenha em demonstrar a grandeza moral da Igreja. Sem dúvida, podemos apelar a nossos santos; mas é demasiado evidente que tens razão.

Apesar de tudo, pode-se crer na Igreja (com os matizes que temos explicado sobre o crer). É preciso fazer um processo, cujos momentos significativos são os seguintes:

1) Distanciamento crítico.
2) Experiência pessoal da fé, que não necessita sacralizar a Igreja nem se apoiar nos padres.
3) Descobrir que a Igreja segue "a lei da encarnação", que nosso Deus quis se revelar no humano tal como é o humano, tão pecador.
4) Agradecer o que recebemos da Igreja.
5) Sentir-se Igreja, sem se crer melhor que ninguém.
6) Capacidade de integrar sentido crítico, agradecimento e colaboração.

Também estou de acordo. Patxi, no que dizes sobre a defasagem entre a Igreja e o mundo atual. Este livro quer reparar, em parte, essa defasagem. O que acontece é que a missão da Igreja é dupla: por uma parte, tem de ser fiel à tradição (que não quer dizer ser conservador ideologicamente), e com frequência lhe toca lutar contra a correnteza; por outra parte, não deve confundir a tradição com a reprodução do passado, tem de atualizar a mensagem de Jesus de geração em geração.

72. Por que a mulher é de segunda categoria na Igreja?

Teresa, mulher de 57 anos.

Que posso dizer-te, Teresa? Que tens toda a razão. Questão cultural, sem dúvida, porque a igualdade da mulher foi e é fruto de uma longa conquista. Suspeito que, também, questão de poder. Que seria da Igreja se mandassem as mulheres e não os clérigos solteiros?

Também não é dogmático que a mulher não possa se ordenar e presidir as comunidades cristãs, ainda que os doze apóstolos tenham sido homens. Chegará um tempo, Teresa, em que mudem as coisas.

73. Não seria melhor uma Igreja estruturada de modo diverso?

Julen, homem de 42 anos.

Certamente, e é urgente, porque a organização atual tem muito de herança medieval. Por exemplo, o centralismo romano em seu tempo foi bandeira de liberdade em relação aos poderes civis. Hoje?

Eu costumo sonhar, Julen, com uma Igreja:

- Que se liberta do poder social e opta por ser pequena semente, que dá vida desde dentro e desde baixo na sociedade.

- Na qual os leigos recuperem a centralidade que tiveram no Novo Testamento.

- Na qual a responsabilidade seja colegial, ainda que seja necessária uma autoridade pessoal, que tenha a última palavra.

- Centrada em sua missão no mundo, sem se preocupar tanto consigo mesma.

- Em diálogo permanente com o antropocentrismo secular e o pluralismo religioso.

- Inculturada nas diversas regiões do mundo.

- Obediente sempre ao Senhor Jesus e ao seu Evangelho.

Sei por antecipação que o sonho não se vai cumprir (nem mesmo se cumpriu nas origens do cristianismo); mas inspira o caminho de renovação que necessitamos.

74. É compatível sentir-se Igreja e ser crítico?

Edurne, mulher de 31 anos.

Certamente que sim; mais ainda, é a única maneira de ser adulto na Igreja.

O modo de vivê-lo será diverso segundo o lugar que tem cada um e cada uma na Igreja. Não é o mesmo ser bispo, pároco, frade evangelizador ou leigo que tem uma responsabilidade na comunidade paroquial, ou leigo catequista, ou leigo que participa na Eucaristia dominical, e cuja missão se desenvolve em um âmbito totalmente secular.

Neste ponto, Edurne, me permito remeter-te a Paulo. Quando estava em jogo o princípio evangélico da liberdade cristã em relação à lei judaica, enfrentou Pedro em Antioquia (Gl 2). Mas quando alguns discípulos seus, educados na liberdade, escandalizavam os cristãos fracos de consciência, lhes pedia subordinassem sua liberdade pessoal ao amor fraterno (1Cor 8–9). Esta síntese, Edurne, é obra do Espírito Santo; não está ao alcance da maturidade racional.

75. Para que servem os sacramentos?

Luis, homem de 27 a 38 anos.

Tua pergunta me desorienta bastante, Luis.

a) Se queres perguntar se são necessários, te direi que sim e que não. Não são necessários para te relacionares com Deus. Mas era necessária a história humana que Deus fez conosco, ou que o Filho de Deus se fizesse homem, ou que se desse corporalmente para ser nossa comida?

Os presentes e dons não necessitam servir para nada.

b) Se queres dizer que a prática sacramental (confessar-se e comungar com frequência) alimenta uma fé externa, e que o que importa é o coração diante de Deus, totalmente de acordo.

Mas essa oposição delata que ainda não descobriste a vida espiritual que se dá na celebração de um sacramento.

c) Se te referes, concretamente, ao sacramento da confissão, por que é necessário confessar a um padre os próprios pecados, teríamos de matizar.

• Primeiro, reconhecer que este sacramento necessita de uma revisão a fundo, porque a forma atual é herança da Igreja medieval tardia.

• Criar novas formas de celebrá-lo.

• Descobrir que a mediação eclesial do perdão de Deus não é uma exigência clerical, mas uma forma concreta de celebrá-lo. Quando tu, Luis, falhas com um amigo, não te contentas com um simples ato interior de confiança em sua capacidade de perdoar, mas lhe pedes perdão (confessando-lhe tua culpa) e vos dais um abraço de reconciliação. Não dizeis, vós os casais, que o melhor de um conflito é o abraço de reconciliação, que renova o amor mútuo?

De todo modo, a pergunta delata que vens de uma educação católica, da qual tiveste de te distanciar criticamente. Deixa-me dizer, Luis, que não tenhas pressa de entender os sacramentos. Estes, como a própria Igreja, passam por uma etapa prévia, às vezes longa, de personalização da fé.

XXI – O CRISTIANISMO E AS OUTRAS RELIGIÕES

76. Por que se apresenta o cristianismo como a única verdade de Deus? Não é acaso Jesus um dos muitos mestres religiosos, como Buda ou Maomé?

Íñigo, homem de 26 a 35 anos.

Em nossa cultura ocidental, verdadeiro se opõe a falso. De fato, Íñigo, na história do cristianismo esse esquema aparece com demasiada frequência no modo de pensar e agir: o Deus verdadeiro diante dos deuses falsos, perseguição dos hereges etc. Mas na Bíblia a verdade tem a ver com a revelação que Deus faz de si mesmo. E nesse sentido o judeu-cristianismo não pode renunciar à afirmação de que Jesus é a verdade última e definitiva de Deus.

Jesus não é um mestre religioso entre outros, e sim a sabedoria de Deus que nos comunica a palavra pessoal de Deus Pai; mais ainda, é a Palavra encarnada. Bastaria ler o capítulo 1 do Evangelho de João e também o início da Carta aos Colossenses. Entenda-se em todo o seu realismo histórico. Esse judeu que viveu em um rincão do império romano, nos princípios de nossa era, filho de uma aldeã de Nazaré, é o caminho, a verdade e a vida que Deus nos dá, para que o conheçamos em sua intimidade inominável e para viver conosco uma comunhão de amor eterno.

Daqui, Íñigo, não se tira a consequência de que as outras religiões sejam falsas ou que devam ser substituídas pelo judeu-cristianismo. Só dizemos que em Jesus se concentra a autodoação de Deus ao mundo. As outras religiões são caminhos verdadeiros para ir a Deus e têm pleno sentido na história da humanidade querida por Deus; mais ainda, são outros modos de revelar-se de Deus.

De onde nasce nossa pretensão? Existem diversas perspectivas para entendê-la. Assinalarei três:

1) Da tendência dos monoteísmos a crer-se superiores às outras religiões, inclinadas a divinizar o que não é Deus.
2) Da necessidade inerente à experiência religiosa de absolutizar sua relação com o Absoluto.

Recordo o que me contou um amigo que assistiu a um encontro inter-religioso. Cada credo havia colocado uma figura representativa em um mesmo nível: o Corão, a Torah, Vishnu, Jesus, Buda... Chegou um budista, pegou a figura de Buda e a colocou no nível superior. A ele pareceu uma atitude intolerante, e eu lhe disse: "Com esse budista posso entender-me, sua experiência religiosa é de absoluto".

Em nossa cultura ocidental estabelecemos a igualdade indiferenciada em virtude de nosso *a priori* racional de tolerância. O preço que pagamos é grave: substituímos a fé pela razão niveladora e, o que é pior, consideramos que a fé é intolerante. Posso entender muito bem o budista que considera Buda superior a Jesus e nem por isso é intolerante; só é fiel a sua própria fé. A tolerância ou intolerância é um segundo momento. Por infelicidade, a fé levou e leva à intolerância, mas por ser pouca fé. A fé que eu tenho na centralidade absoluta de Jesus não me leva a não valorizar o islamismo ou o vishnuísmo hindu, e sim o contrário.

3) Que a Deus ocorreu, em sua decisão livre de amor, revelar-se em Jesus definitivamente.

Pode-se discutir com o Amor? Temos nós que lhe dizer como tem de salvar os homens?

A pergunta imediata, Íñigo, vem espontaneamente: como é que eu o sei?

Não é questão teórica, não nasce da filosofia religiosa, que coloca na balança o valor das diversas religiões. Tudo depende de se a Deus lhe ocorreu ou não, isto é, se a história consignada na Bíblia é real ou não.

77. Que diferença existe entre a experiência religiosa cristã e a das outras religiões?

Aitxuri, mulher de 26 a 35 anos.

Quando falamos da oração, eu já disse algumas coisas. Vou procurar completar a resposta.

A pergunta, Aitxuri, é tão genérica que não lhe serve uma resposta comum. Dever-se-ia perguntar, preferivelmente, que diferença existe entre a experiência religiosa cristã e a do judaísmo, ou a do islamismo, ou a do hinduísmo *bakhti*, ou a do hinduísmo *advaíta,* ou do budismo *theravada,* ou a do budismo *mahcyana*. Mas compreenderás que este nosso pequeno livro não pode abordar essa temática tão complexa. Só vou escolher uns poucos pontos, em diálogo com outras religiões, que se fazem ouvir mais entre nós.

1) O *karma* é uma crença muito comum no hinduísmo. Significa "agir". Segundo a pessoa age corretamente, assim define seu futuro. A existência humana, dentro do cosmos, deve viver em ordem (*dharma*) com a verdade íntima do conjunto da realidade. Se foi desordenada, terá de ser purificada em uma reencarnação posterior. Se atuou corretamente e alcança a união íntima com Brahma, seu futuro será de plenitude (o modo de entender essa plenitude é muito variado).

No judeu-cristianismo, o agir se fundamenta na graça salvadora de Deus. A ordem não é a categoria determinante, e sim a história e o encontro interpessoal do amor. No Oriente, a liberdade é uma categoria relativa; para nós é central. No Oriente, a salvação é autolibertação; para nós, é iniciativa misericordiosa de Deus.

2) Todas as religiões propugnam a paz. Mas existem muitos modos de vivê-la e de entendê-la.

Saberias distinguir, Aitxuri, entre a paz psicológica do equilíbrio, a paz da harmonia interior, a paz do silêncio das faculdades e a paz da fé, quando se experimenta o amor gratuito de Deus? Evidentemente, essas formas de paz se complementam; mas supõem dinâmicas diversas no modo de se propor a vida.

3) Sobre o conhecimento espiritual de Deus. A religião não tem sentido sem essa busca.

O Oriente o faz depender de um processo da consciência, que chama "iluminação". Adquire-se através da meditação, libertando a mente do discurso e das emoções, do desejo e inclusive do eu, para alcançar o si mesmo, onde o divino e o humano são um no Um originário (que se entende de modo diverso). Também para nós a fé é iluminação; mas se dá no ato de fé, pelo qual acolho o amor de Deus em Cristo.

Por isso, a espiritualidade do Oriente é tão atraente e a cristã parece tão pobre. A mística oriental é por elevação. A judeu-cristã é por descenso: Deus se abaixa para nos elevar. O Oriente necessita separar-se do mundo. Nós não podemos separar o amor de Deus do amor ao próximo.

Não fiz referência ao Islã nem ao judaísmo porque pertencem à mesma tradição monoteísta. Os cristãos somos espiritualmente judeus. A única diferença está em que, para nós, Jesus é o Messias, com o qual se cumpriu o anunciado pelos profetas. É uma perda enorme para nós que tenhamos esquecido nossas raízes, e pior ainda que tenhamos criado o antissemitismo.

Com os muçulmanos temos muitas coisas em comum; mas com algumas diferenças essenciais:

- Eles são uma religião do livro, o Corão. Nós somos uma religião da pessoa, Jesus, e sua história.

- Devemos aprender muito de seu monoteísmo, visto que, efetivamente, entre os cristãos se dá, disfarçadamente, certo triteísmo; mas é uma pena que Maomé só conhecesse na Síria um ramo herético do cristianismo, o monofisismo.

Em minha opinião, a maior diferença com o Islã é que este entende a revelação de Alá a Maomé como restauração da fé originária da humanidade em um só Deus. As religiões posteriores seriam desvios. A afirmação judeu-cristã de que Deus se revela progressivamente choca-se com o paradoxo constitutivo do Islã: Deus se revela definitivamente em Maomé, mas para restaurar a fé primitiva. A restauração não se refere à etnologia, como se os primeiros humanos fossem monoteístas, e sim à verdade natural e essencial do espírito humano: só Deus é e nós somos suas criaturas. Falar portanto de encarnação de Deus, de morte do Filho de Deus, de participação na vida divina seria atentar contra a transcendência absoluta do único Deus.

Vê, Aitxuri, que em nenhum momento procurei provar a verdade do cristianismo. Só expresso nossa identidade. O que não tira que a questão da verdade não seja necessária. Mas o cristianismo não pode demonstrar nada. A sua missão é dar a Boa Notícia da revelação histórica de Deus em Cristo Jesus. Se é racionalmente plausível ou não, só se vê no inverso, depois de fazer um caminho de conhecimento e de encontro com Jesus de Nazaré, Messias e Senhor.

78. Mantendo cada religião sua identidade, não teríamos de criar um humanismo comum?

Pergunta de Santiago.

Seria genial, Santiago, e tu e eu estamos nisso. As consequências para a humanidade seriam altamente benéficas: primado da pessoa sobre a fé, universalização dos direitos humanos, critérios consensuais da ética particular e pública, supressão dos vestígios da intolerância religiosa, possibilidade de sociedades igualitárias etc.

Mas para isso é preciso dar passos prévios:

- Não opor razão e fé religiosa.

- Que a pessoa crente distinga a razão humanista, respeitando a autonomia do mundo secular, e o fundamento de sentido da existência, que se lhe dá na fé.

- Que a sociedade não se organize a partir das ideologias religiosas, mas a partir do humanismo racional.

- Que os estados leigos não introduzam a ideologia do laicismo na educação (negação da religião como conhecimento da realidade).

Estamos muito longe ainda; mas é preciso caminhar nessa direção. Muitas religiões e ideologias laicistas se oporão. Entre nós, católicos, o Concílio Vaticano II abriu a possibilidade. Que nos aconteceu nestas últimas décadas, que parece que queremos recuperar o terreno perdido? Estou convencido de que a fé cristã, a Igreja e a evangelização ganhariam com esse humanismo.

79. Neste mundo globalizado e inter-religioso tem sentido pregar nossa fé cristã aos não cristãos?

Lucas, homem de 42 anos.

A pergunta delata um raciocínio *a priori*: que pregar é não respeitar o outro e valorizar o seu.

Foi e é demasiado frequente o proselitismo religioso: pregar para que o outro seja dos nossos, porque o nosso é superior (quando não pensamos que o do outro é erro). Mas o proselitismo não conhece o amor de missão. Faz da fé uma causa e, sub-repticiamente, um instrumento de poder. Mas o amor de missão pode fazer esta síntese:

1) Acima de tudo, o primado da pessoa sobre a fé.

Se não respeito a liberdade do outro, minha evangelização está pervertida.

2) Partindo do primado da pessoa, devo me perguntar com total seriedade que talvez o caminho que Deus queira para o outro não seja o cristão.

O amor cristão me leva a promover o seu, distinto do meu.

3) Mas privar o outro, sob razão de respeito, do dom que Deus quer fazer-lhe de seu próprio Filho, isto é, da fé cristã, seria um roubo injusto e uma infidelidade à missão que o Senhor nos recomendou.

Lucas, tem pleno sentido oferecer aos não cristãos semelhante dom, semelhante presente, simplesmente porque não nos pertence. O problema é como e quando fazê-lo.

Deixa-me dizer que me dá muita pena que haja tantas pessoas que não conhecem o amor de Jesus.

XXII – EXISTE UM "ALÉM"?

XXII. Existe um além?

80. Não é uma ilusão a crença de uma vida no além?

Manolo, homem de 33 anos.

Os filósofos debateram sobre a imortalidade da alma; inclusive algumas religiões não veem claro o além, e menos segundo a imagem cristã de céu e de inferno.

Os cristãos têm um motivo para afirmar a realidade do além: o acontecimento da ressurreição de Jesus. Nosso credo não fala de almas imortais, mas da "ressurreição da carne", com realismo brutal.

Talvez penses, Manolo, que a resposta é menos crível que a pergunta. Assim é, a não ser que a especulação filosófica e religiosa seja menos importante que o testemunho dos que viram e creram.

81. Que se entende por inferno? Não o temos neste mundo?

Esperanza, mulher de 47 anos.

Não, Esperanza, neste mundo o inferno é relativo. Não podemos experimentar a separação definitiva de Deus e a incapacidade absoluta para amar. Nisso está o inferno, não em um lugar de fogo e de tormentos, no estilo do que conta Dante em sua *Divina Comédia* e imaginam os cristãos da velha escola.

82. Não pode ser que o céu não seja para todos. Se Deus é um Pai bom, como pode castigar para sempre?

Inês, mulher de 50 anos.

Existe uma profunda intuição, Inês, em teu raciocínio, e um alto sentido de Deus. Mas alguns equívocos:

- Que ideia fazes de que Deus castiga? Se o entendes como justiça segundo a lei de Talião (olho por olho, castigo por pecado), o Deus da Bíblia não age assim.

De fato, no Novo Testamento existe certa vacilação para expressar o juízo definitivo de Deus. Umas vezes se usa a imagem do tribunal, porque humanamente é a mais comum. Mas outras assim não é; especialmente no Evangelho de João, se diz:

> *Se alguém ouve minhas palavras e não as guarda, eu não o condenarei, porque não vim para condenar o mundo, mas para salvá-lo. Quem me despreza e não recebe as minhas palavras tem quem o julgue; a palavra que anunciei, essa o julgará no último dia (Jo 12,47-48).*

Tiras uma conclusão demasiado apressada de que o céu é para todos. Podes ter tu, Inês, a última palavra? Não sei por que, parece-me que empregas a fé no amor de Deus como um "seguro afetivo" para evitar o medo de não controlar o futuro. Quando lemos o Novo Testamento, advertimos que se insiste repetidamente em que cada pessoa está situada diante da decisão definitiva de vida ou morte, salvação ou condenação. Sentido da liberdade como capacidade de absoluto. Sobretudo, sentido de que chegou com Jesus. Quem conhece o amor absoluto de Deus tem de dar a sua vida um sentido de absoluto.

Vou oferecer-te uma parábola com a qual procuro esclarecer-me e esclarecer os outros por onde vai isso de inferno. Imagina um casal maravilhoso, de amor pleno. Se o amor é interpessoal, não anula, mas promove a liberdade do outro. Seja lá por que razão, ela sai com outro (imagem bíblica da adúltera, que nos representa a todos). Esta separação não a plenifica nem de longe como o primeiro amor. Que dor de consciência! Imagina, Inês, que ela convive com seu marido. Só vê-lo, estar com ele, é causa de tormento. Imagina que o marido sabe que ela foi com outro, e que em vez de se separar e censurá-la pelo que faz, volta e se entrega mais incondicionalmente... Não acreditas que ela preferiria ser castigada? O maior sofrimento é que o amor de seu marido lhe provoca um fechamento insuportável do coração.

Não creio que seja heresia dizer que os condenados no inferno experimentam a presença e o amor de Deus; mas é sua própria incapacidade de acolher o amor de Deus o que os condena irremediavelmente.

Algo disso existe neste mundo. Assim interpreto eu as palavras de Jesus: Deus perdoa tudo, menos o pecado contra o

Espírito Santo. Tanto assim é, Inês, que o problema não está em Deus, mas sim em nós.

83. **Não é mais lógica a crença oriental nas reencarnações que a crença cristã na ressurreição?**

Pergunta de Pilar.

Comecemos por esclarecer, Pilar, que a fé cristã na ressurreição não é uma crença.

Sobre se a crença nas reencarnações é mais "lógica", depende:

- Se é a pessoa a que tem de alcançar sua plenitude, parece lógico que necessite de várias vidas para isso.

Mas se a existência pessoal depende da liberdade de Deus que nos salva por graça e da liberdade da pessoa que acolhe ou não tal graça, é mais lógico arriscar a vida de uma vez e para sempre.

- Se a pessoa humana só é uma parte do cosmos, que se renova ciclicamente e de modo permanente, é mais lógico que aconteçam várias reencarnações em forma de animal, de pessoa malograda, de pessoa bem-sucedida...

Mas se cada pessoa, em sua própria dignidade, é única e tem um valor absoluto, e Deus é amor pessoal que se comunica pessoalmente com cada pessoa, é mais lógico que Deus me ressuscite como pessoa única para toda a eternidade.

A consequência é que não tem sentido crer na ressurreição e crer nas reencarnações.

Sabes, Pilar, por que há diferença entre o Oriente e o judeu-cristianismo nesse ponto? Para o Oriente o mundo é divino em sua realidade última. Para o judeu-cristianismo, Deus é o criador de todas as coisas, também do homem, que não é divino, mas espírito capaz de receber a vida de Deus, se Deus lhe dá a vida porque quer.

Pergunta última e atrevida: que Deus é mais Deus?; que homem é mais humano? Todavia, a resposta não vem de uma especulação sobre Deus. Para mim, judeu-cristão, a resposta só a tem Deus, e já a deu em sua autorrevelação histórica, consignada na Bíblia.

EPÍLOGO

Como crer se não sabemos como?

No fim deste livro-entrevista, esta pergunta apela ao que está dito nas entrelinhas em muitas perguntas. Por isso a tomo à maneira de conclusão.

1) A pergunta indica busca e desejo; mas revela, em minha opinião, ambiguidade. Pode-se saber o como?

- A fé não depende do saber, não é algo que se aprenda, nem uma meta que se alcança com meios, métodos e exercícios pertinentes.

A fé é um dom, a luz que Deus dá para ver a realidade a partir dele, do seu jeito.

- Mas a fé implica a pessoa inteira. Quando se lhe dá a luz, porque pressupõe liberdade e experiência. Enquanto espera a luz, é preciso dispor-se a recebê-la.

Daí, a sabedoria da pessoa que busca tem de colocar os meios, mas sabendo que não pode dispor da luz. No princípio, quase sempre, coloca meios para a controlar. Tem de tomar consciência de um truísmo que se esquece: que o dom se recebe, e, portanto, que o caminho para a fé desenvolve, acima de tudo, os órgãos da "receptividade": esperar, pedir, intuir a luz que brota no claro-escuro, escutar...

Notaste algo disso ao ler o livro? Eu procurei explicar algumas coisas; mas a tarefa principal foi a de esclarecer mal-entendidos. Nos temas mais importantes, os esclarecimentos consistiram em mudar o *chip*, em desvirar a pergunta para olhar a questão sob outro aspecto. Este outro aspecto não é propriamente fé; mas esta não é possível sem uma mudança do coração.

Em toda pergunta existe uma resposta implícita. Meu trabalho consistiu em ressituar a resposta implícita. É o que estou fazendo agora: "Como crer se não sabemos como?" pressupõe, implicitamente, que o importante é saber como. E eu procuro esclarecer que não se trata de saber, mas da sabedoria de receber. Nada é mais implicativo que o receber; mas com uma mudança radical, a de não controlar.

Aqui convém ter em consideração o que dissemos na parte sobre os "Pressupostos para ser cristão".

2) A fé cristã é uma experiência que integra unitariamente três luzes:

a) Indícios racionais.

Ao ser uma experiência essencialmente referida a acontecimentos históricos, necessito saber se são reais ou inventados. Para nós, judeu-cristãos, os relatos não são mitos, invenções, expressões imaginárias da sabedoria religiosa. Se Jesus não ressuscitou efetivamente, vã é nossa fé.

Mas os indícios não são demonstrações ou provas científicas irrefutáveis. Pascal dizia com lucidez: "Temos razões para crer, mas não tais que nos evitem o risco da liberdade". Assim são sempre as razões que fundamentam as decisões que têm a ver com o sentido da existência. Ninguém se casa porque sabe com certeza científica que a outra pessoa lhe quer bem. Tem sinais suficientes para decidir e fazer essa aventura.

b) Liberdade que confia.

Os acontecimentos históricos são inseparáveis da palavra com que foram contados e do sentido que se lhes deu. A pessoa que busca tem de se relacionar com essa realidade mediante testemunhas e mediante a Bíblia.

As testemunhas lhe falam da verdade dessa história, a verdade que os transformou e salvou, fundamentando o sentido de sua existência. Vão lhe dizer que descobriram o amor incondicional de Deus.

A Bíblia a põe em contato direto com a história originária e a luz que surge dessa história. Enquanto lê, não pode ficar indiferente. Todas as grandes questões da existência têm de ser confrontadas com o texto. Sentirá atração e medo, ao mesmo tempo, esperança e resistências.

Será essencial que peça luz, a luz da fé.

É um caminho no qual minha liberdade se sente intimada e aprende a desproteger-se e confiar.

O melhor modo de percorrer esse caminho é com a pessoa de Jesus manifestada nos evangelhos. História real e concreta, mensagem única, testemunho crente dos que viveram com ele... Jesus tem "algo", sim, algo muito especial. A pessoa que busca o vai notando enquanto lê e medita os textos evangélicos. Será muito importante que, em algum momento, se coloque em sua presença, pois está vivo. Enquanto não crê que está vivo, não acontece nada. Pode fazê-lo dando um voto de confiança aos que dizemos (a Igreja) que está vivo.

c) Graça do encontro.

Dá-se, é real; mas não se dispõe dele. Quando se tem, a fé não sabe com certeza. O encontro é tal e qual: o Tu vivo de Deus é real e tu te relacionas com ele.

As formas do encontro são infinitamente variadas.

• Repentinas: presença que se impõe.

• Processuais: a presença foi passando de latente a manifesta.

• Sem preparação alguma. Sensação de gratuidade.

• Depois de um árduo caminho e milhares de tentativas.

Todas as formas evidenciam que o encontro não foi fruto do próprio esforço, mas sim iniciativa de Deus.

Evidentemente os três elementos indicados foram diferenciados por necessidade de clareza formal. Na experiência real das pessoas que cremos, se combinam de modo distinto. A alguns se lhes dá a graça do encontro, e depois buscam indícios racionais. Outros, por honradez racional, necessitam de uma plataforma humana prévia.

Os três elementos formam uma unidade indissolúvel na consciência do crente.

3) É necessário ou conveniente contar para esse processo com um acompanhante?

Normalmente sim; somos cegos que precisam de guia.

A dificuldade está em encontrar alguém adequado. Tem de ser testemunha e acompanhante ao mesmo tempo, capaz de se mover nos despenhadeiros da consciência.

No princípio, terá de fazer quase sempre um trabalho de desbaste, visto que cada pessoa busca desde uma história própria, desde condicionamentos psicológicos, desde alguns preconceitos quase sempre latentes... Mas também desde intuições que abrem caminho misteriosamente e *flashes* que iluminam. O acompanhante deve respeitar e valorizar o processo da pessoa, sem lhe impor esquemas preestabelecidos.

4) Que lugar ocupa um grupo ou uma comunidade crente nesse caminho?

Depende das pessoas. Para algumas é determinante.

Mais tarde ou mais cedo, a fé pessoal passa pela Igreja, mesmo que esta tenha uma modalidade elementar: uma reunião informal, na qual o tema central seja Deus.

Para fazer este caminho, é necessário um itinerário espiritual chamado "processo de personalização da fé".

Também existem "grupos de personalização" com acompanhantes leigos.

5) Ocorre-me que este livro poderia ser aproveitado para diálogo em grupo.

Várias pessoas interessadas na questão de Deus se reúnem a cada 15 dias. Comentam entre elas duas ou três perguntas escolhidas previamente.

Seria interessante recolher os pontos que o grupo quisesse esclarecer com alguém. E o fariam a cada dois ou três meses. Esse alguém, não há razão para que seja padre, mas deve ser capaz de esclarecer temas, por sua preparação, sua experiência e sua capacidade de diálogo.

6) Como complemento deste livro, fica bem uma bibliografia adequada:

Légaut, M., *El hombre en busca de su humanidad* (Asociación Marcel Légaut, Madrid 2001).

Frankl, V., *El hombre en busca de sentido* (Herder, Barcelona 2007).

Theissen, G., *La sombra del galileo* (Sígueme, Salamanca 2006).

Jacomuzzi, S., *Comenzó en Galilea* (El Almendro, Córdoba 1998).

Garrido, J., *Preguntar y buscar. Reflexiones para agnósticos y creyentes* (Verbo Divino, Estella 2003).

Garrido, J., *Camino de transformación personal. Sabiduria crtistiana* (San Pablo, 2008)

Garrido, J., *Ni santo ni medíocre. Ideal cristiano y condición humana* (Editorial Verbo Divino, 1992)